アジアのリーダーシップ

元韓国重工業社長・元韓国電力社長
漢南 朴正基
ハンナン・パク・チョンギ

文芸社

序文

毎日放送相談役名誉会長
放送番組センター会長　齋藤　守慶

本書の著者、朴正基氏は、素晴らしい方である。

私ども毎日放送は、韓国との友情を深める意味から、一九九二年より「ソウル国際女子駅伝大会（Seoul International Women's Road Relay）をＫＢＳ（Korean Broadcasting System韓国放送公社）に協力して開始した。当時、朴さんは、韓国側の責任者であり、私は日本側の責任者として交渉に当り、大会開催のために努力した。

韓国側は、ソウル五輪のあと、何か一つは国際競技を残したいとの希望があり、毎日放送も隣国との駅伝大会の開催に魅力を感じていた。両国の陸上競技連盟、放送関係者の間で折衝を重ねた結果、女子選手による華やかな国際駅伝大会がふさわしいとの結論を得た。

駅伝大会は、日本独自の競技である。一本の襷《たすき》をつなぐという面白さがあり、世界の十数カ国で順位を競うというところに興味がある。時期は桜と連翹《れんぎょう》の美しい四月がよい。日本のマラソンシーズンからは少し外れているが、韓国のソウルは日本の新潟と同緯度だからよいのではないか、ということになった。

オリンピック競技場から出発して、四二・一九五キロを一カ国七人の選手で走り競技場に帰着する。道路はＩＡＡＦ（国際陸上競技連盟）公認のオリンピックマラソンコース。連翹が美しい季節、ヘリコプターでの各中継地点及びスタート、ゴールの模様などは、韓国各社が協力して担当するなど、詳細にわたる編成が組まれた。そして一九九二年四月十二日、最初のスタートが切られたのである。

このプロジェクトは、韓国と日本のスポーツ関係者、技術関係者の並々ならぬ熱意と努力の成果であった。あらためて韓国陸連とＫＢＳに感謝を捧げ、この共同制作が十一年も続いたことに感謝したい。

朴正基会長の時代に女子駅伝は四回続き、その後は李大遠会長が引き継いで立派な成果をあげている。このソウル女子駅伝大会は、まだ始まったばかり。今後さらに隆盛の王道を走っていくことになるだろう。

朴さん（と呼ばせていただきたい）は、大変気配りの行き届いた方だ。いつもながら頭の下がる思いがする。

その朴さんが『幼い孫に贈る言葉』（日本語版一九九六年七月、新評論社刊）を出版された。その内容は、おじいちゃんが孫に諭す対話調で、「人間の根本を考える」「心を磨く」

「社会に奉仕する」「礼節」「人生を楽しもう」等、十章に分かれている。ところが、その内容たるや、全文にわたって、古今の名士の著書を韓国の現実に合わせて引用され、「美しい生き方」を率直に述べられている。それは驚くほどの読書量であり心に染み込む見事さだ。以前から読書家であるとは聞いていたが、あまりのことに感嘆するのみであった。韓国全土で三十万部売れたというのも驚く他はない。

その朴さんから、今回出版する著書の序文を書けというお達しをうけた。私などその資格は勿論なく、再三辞退をしたのだが、お許しがなく、あまりお断りすると本の出版が遅れることになるのでお引き受けすることにした。

『アジアのリーダーシップ』は社会人としての心得をテーマとしている。市井に出回るノウハウとは違い、誠心誠意、真実とは何か、よき生きざまとは何かを問い続けている。実に立派な内容に満ちており、特にリーダーシップをとる方々には必読の書と言うべきだ。昨今の政治、経済の混乱を見る時、まず人間のあり方が問題となるのではないか。その意その意味からも、デフレに悩む日本の読者に大変時宜を得た書ということができるだろう。

終わりに、重ねて朴正基氏及び日韓の関係者、出版社の皆様に感謝の意を捧げる。

（了）

アジアのリーダーシップ◎目　次

人が人らしくあるための根本の根本はなにか。
善悪を見極めることである。
指導者が指導者らしくあるための根本の根本はなにか。

第一章　敬天愛人

一　指導者

指導者とはどのような人であろうか。

それは人間を愛する人であり、夢と意思の持ち主であり、自分にも他人にも正々堂々とした人であり、皆に希望を与えることができる人である。そのうえ行動し、天命を信じる人でもある。

つまり指導者とは「夢と意思を持って人を惹きつけ、目標へ導くことのできる人」である。

指導者が、人間を重んじ将来に夢を抱いているからこそ、周りの者は夢を実現するために彼と一緒に歩むことができるのである。そして指導者は、ついてくる人々を後ろから押すのではなく、夢のために皆の先に立って人々を引っ張っていかなければならない。人々を率いて未来へと進むためには皆より先に立たなければならない。先に立って遠い未来を望みながら理想に向かって進まなければならない。そうして人々を幸せにするのが指導者の役割である。

そのために指導者が備えるべき望ましい資質にはどのようなものがあるだろうか。
第一に、人を愛すること。
第二に、心と体を鍛えて常に健やかな自信に溢れていること。
第三に、つらく危険なことにも率先して取り組み、常に部下を教えて鍛練すること。
第四に、常にはるか先を見通し、方向と目標を定め、力強く突き進むこと。
第五に、天を畏れること。
以上である。

二　大寛

なぜ人を愛するのか。生命の本質は愛である。愛を知ってこそ生命が理解できる。生命の本質が理解できれば、真の人間の本質に近づくことができる。人間を知ってこそ文明を知ることができる。そして文明を知ってこそ歴史と宇宙への理解も深まるのではないだろうか。

指導者が人を愛する時、あらゆる生命と人が地上に繁栄し、文明の発展と歴史の進路が開かれる。そのとき初めて人類は宇宙の原理に合一することが可能になるはずである。

人類の歴史で五千年という歳月は決して短いとは言えないが、未だに世の中のどこを探しても完全な平和や幸福を見つけることはできない。五十億人とも数えられる人類の半数以上が人間らしい暮らしとは程遠い生き方を余儀なくさせられている。このような現状は、我々人類が必ずしも良き指導者に恵まれていないことを物語っている。

大なり小なりトップを務める指導者が今の位置に昇るまでの歩みのなかで、感謝と寛容の精神を身につけていたならば、人々は今のように右に左にさまようことはなかったはずだ。

大なり小なり指導者がトップに昇る過程で一度でもいいから、天命を信じて歴史と生命の尊さについて悩んだことがあったならば、世の中は今のように乱れることはなかったに違いない。

だとすると、世の中が乱れる真の原因は何であろうか。

それは人々が互いに他を愛する心を忘れたからだ。

十数年前、陸軍でのことだが、初めて将官に昇進した人にどんな精神教育課程を履修させればよいかについて議論したことがある。その結果、お寺で修行している徐京保（ソ・キョンボ）というお坊さんに知恵を求めることにした。世間で得られない斬新な言葉を期待したからだ。

人里離れた山寺で面会し、訪ねてきた経緯を話すと、お坊さんはしばらく目を閉じて考え込んだ。そして突然目を開けると黙って筆を手に取って書き始めた。

まず「大義」、つぎに「大信」、最後に「大憒」と書き終え、静かに筆をおいた。

私は、最後の「大憒」がよく分からなかったので、その意味を尋ねた。お坊さんは「正しくないことや法に外れたことを目にして黙っているのは、幹部の道に反することである。同じく目上の人の間違いを諫めないのも道理ではない」と教えて下さった。

真に意味深い教えであると同感した。全て大事だが、特に最後の「大憒」は上級幹部が一生肝に銘じるべき大事な徳目であること、これはいくら強調してもしすぎではないことに気がついた。

だがこれは、言うのは容易いが、実践に移すとなると案外難しい徳目とされる。推察されるように、大憒は自分の努力や才能だけではなかなか実践できないばかりか、自分の身の上にふりかかる相当な不利益を覚悟する必要がある。

難しい問題であるが、大憒がなければ責任ある幹部としての任務を全うすることができないことを、お坊さんは強調したかったのかもしれない。とくに幹部と最高責任者との関係において、大憒は何よりも優先されるべき徳目であることも教えられた。

そのことも考慮したかのように、朝鮮時代（一三九二―一九一〇）の先人は諷喩（間接的に婉曲に諫める方法）を勧めた。その言い方を確実にするために国家の公式機関として司諫院を設けてもいたのである。

かつて朝鮮時代の名宰相の黄喜（ホワン・ヒ）領議政（今の総理に当たる行政の最高職位で、朝鮮初期に十八年間この職を務めた。清廉な政治家として尊敬された）の逸話を思い出してみよう。

甲が駆け付けて乙の悪口を告げた。わけを聞いた宰相は「そうか。お前は正しい」と答えた。しばらくして乙が駆け付けて来て甲の悪口を告げた。宰相は彼にも「そうか。お前は正しい」と言った。そばで聞いていた夫人が「甲も正しいし、乙も正しいとおっしゃいましたよ。そんなことがありえますすか」と詰め寄った。宰相はそれに答えて「なるほど。あなたの言うことも正しいですね」と言ったとの話である。

この逸話をかみしめてみると、幹部とトップとの間には大憤以前に持つべき条件があることに気づく。

つまり人の上に立つ者には、誰もが恐れずに話を持ちかけることができる「大きい心（寛）」がまず備わっていなければならないということである。

人の上に立つ者なら、人の意見を受け入れる広い心の持ち主でなければならない。「憒」を持つべきであるが、「寛」のない「憒」は意味がない。上に立つ者が耳に逆らう話も我慢強く受け入れる雅量を持ったとき、初めて大憒が成り立つのである。

「貞観の治」の事跡で知られ中国歴史上最高の名君と称えられる唐の太宗は、自ら大寛を実践した人であろう。

貞観十五年（六四一）のことである。太宗が宰相の魏徴に尋ねた。

「近ごろは朝廷の臣下の誰も意見を述べようとしない。そのわけは何であろう」

皇帝の下問に対し、魏徴は次のように答えた。

陛下は公平無私に心を開いて臣下の意見を受け入れておられます。したがって、臣下は真心からの意見を述べることができます。

しかし、昔のある人はこうも言いました。「まだ充分に信任されていないにもかかわらず諫めれば、聞き手からは自分を中傷したと誤解を買う恐れがある。しかし信任されながらも諫めないのは国益の盗賊だ」と。

ただ人間の度量は皆それぞれ違うもので、気が小さい人は素直な心の持ち主でありながら何も言えないものです。また親密でない間柄の人は、自分はまだ信用されないとの思い込みから意見を言いません。官職に執着する人は何げなく発した言葉のせいで自分の地位が危うくなることを恐れるから、考えていることを言おうとしない、などの場合があります。

いずれの場合も、皆口を閉ざして上司に逆らわず、皆に同調することで、その日を無事に過ごそうとするわけです」

それに答えて太宗は、

「まことに君の言う通りだ。だが私の考えはこうだ。臣下は君主の間違いを諌めれば、いずれは君主の怒りを買って死ぬのではないかと恐れる。しかし君主に逆らって罪人の身になって処刑されるにしても、それは、国家のために戦争で敵の大兵の中へ突っ込んで死ぬのと同じことであろう。だから本当に正直な臣下は誠を尽くして諌めることを躊躇しないはずだ。

それでも君主に真心を尽くす臣下はごく稀である。昔の禹王は正直な話を聞かせてくれた人に敬意を表し、その場で土下座したと言われるのはこのようなことではないかと思う。私は胸中を開いて皆の忌憚のない諌言を受け入れている。だからこれからは君たちも自分の考えを口にできないような臆病な態度はとらないようにするがよい」

大寛は部下を愛したとき初めて可能である。愛があってこそ大寛が成立するのであり、大寛から愛が生まれる。余裕が良い政治を可能にする。

「四角い容器の水を丸い容器で汲む」[1]という言葉がある。政治の要諦は余裕を持って行えとの教えである。人間に愛がなければ寛容な心で受け入れることもできないとの意味である。

中国宋王朝の創始者の太祖趙匡胤（在位九六〇―九七六）に、正直者の宰相趙普がついていた。ある日のことである。趙普がある人物を推薦したが、太祖はこれを裁可しなかった。次の日に再び同じ人物を上奏したがあっさりと却下してしまった。宰相はそれにもめげず、三たび裁可を仰いだ。宰相の行動に怒った太祖は、その上奏文をずたずたに破って投げ捨ててしまった。侮辱を食らったはずの趙普だが、顔色も変えず破れた上奏文をかき集めて黙々と太祖の前から退いた。そして次の日に、前日の破れた上奏文をきれいに繋ぎ合わせて四たび太祖に出した。ここまで来たら、それまで頑なだった太祖も折れてこの人事を承認せざるを得なかったという。

これは『十八史略』に載っている話である。趙普も立派な人物だが、太祖はもっと偉かった。

つぎに春秋戦国時代の五覇の一人に数えられた楚の荘王（在位ＢＣ五九七―五九一）の逸話である。

ある日、臣下たちを集めて労をねぎらう宴会を開いていた。突然強い風に煽られて宴席の明かりが全て消えてしまった。真っ暗闇の中から女の冷たい悲鳴が鳴り響いた。誰かが暗闇の中で王の愛妾である許姫の口をふさぐ事件が起きた。王の愛妾は男の冠のひもを手に持って叫んだ。

「大王様、明かりを点けて冠のひもがない者を捜し出して下さい。その者が私の口をふさいだ犯人でございます」

一瞬にして楽しい宴会に不吉な空気が漂った。すると、大王の号令が下った。

「この席にいる全ての者は冠のひもを取ってしまえ」

（1）　大名の岡山藩主の池田輝政が、京都所司代の板倉勝重に政治の要諦について尋ねた際の言葉である。すなわち四角い器の水を丸い器で汲む（隅々の水はすくいにくい）くらいのゆとりが必要ということ。政治をうまくやりたいという意欲から、細かな所まであまり気を配りすぎるとマツリゴトがうまくいかなくなるという。

三　リーダーシップの真髄

クロー教授がハーバード大学の経営学科で講演していた時、ある学生から「成功の秘訣は何ですか」と質問されたことがある。すると彼は一言「愛」であると言い切った。

「人間が体験できる最も美しくて、なおかつ最も意味深い感情は、神秘的な愛の感情であろう。なぜなら、これこそがあらゆる科学を生ませる根源であるからだ。このような感情を経験したことのない人、畏敬の感情の虜になって夜を明かす苦しみを経験したことのない人は生きているというよりは死んだに等しい」

これはアインシュタインの言葉である。

これらは私たちが日常で耳慣れたイエスや孔子の言葉ではない。今世紀最高の経営学者の言葉であり、また物質の根源を探し求める物理学の科学者が、精神世界である「愛」を言うのである。誰よりも物質の働きを研究し、科学精神を押し通して当然な人が言っているのである。要は、人間に最も大切なのは物質でもなければ肉体でもなく、愛が宿る魂であることの証であるといえるだろう。

人間がこの世に生を授かった喜びに意味を付与するとすれば、言うまでもなく、人間が精神の持ち主であることであろう。その中でも魂は人間の核心を成す。それが宇宙の根本であり、生命であり、神であり、エホバであるに違いない。

人間が人間を愛することはこの宇宙を生成・発展させる大きな原理に合致することであり、また宇宙と生命を進歩させる原動力でもある。

ついでに言うと、リーダーと部下との間に生まれる魂の共鳴は宇宙の根本原理に合一することであり、それはまた創造主が指向する「完成」への接近と同じことであろう。

釈迦が一本の花を手にして皆に見せた。それを見た伽葉一人が微笑んだという。諸行無常であり、諸法無我ではないのか。一切は「空」である。何が二人の聖人を共鳴させたのか。大慈大悲、つまり「愛」である。

『魂の経営』でホーリー（Jack Hawley）は、**「リーダーになることは施すことであり、自**

分の魂を差し出すことである」と言った。

それにドイツのゲーテも「自己を全てゆだねた時、天命をも動かせる」と話した。施す、そして魂までも差し出すとはどういうことなのか。ギトン（Jean Guitton）によれば、「目上の人が下の人間に接する際、彼らも自分と全く同じで、この世界をより高い意識、より高い次元に押し上げようと努力する人であると認めることである」という。

つまり何よりも人間の品位を尊重することから始まるという。

人と人が接する際に、相手も一人の人格として、自分自身と同じ高さの理想の持ち主として、また世の中をより良くしようと努力する使命を共有する存在であることを認めた上でその人を見るという。小さいこと、小さい心遣いから始めなければならない。

愛は心を開いて相手に見せ、優しく手を差し伸べることである。人と人との間、または上下関係の間を遮る全ての仮面や全ての虚飾を投げ捨てることだ。共に食べ、共に苦楽を味わうことである。

『孫子』と双璧を成す兵書の『呉子』の著者である呉起（?—BC三八一）は魏の将軍の位に就いてから大小七十六回も戦闘を挑みつつ、負け知らずの名将だった。

彼は戦闘の際にはいつも末端の兵士と同じ服を着、同じ食事をとった。寝床も兵士とともにした。行軍中も馬車に乗らず、自分の食料は自分で携帯した。

傷口が腫れて苦しむ兵士あれば、そのウミを自ら口で吸い出してやったこともある。人間は自分を認めてくれる人のために死ねると言うではないか。

行軍途中に酒が一本とどいた。指揮官は渓谷の沢にその酒を流した。そして喉が乾いた皆の兵士とともにその沢水を飲んだ。周の軍師の太公望の逸話である。

つまりリーダーシップの真髄は技巧でもなければ、用人術でもない、リーダーの心である。リーダーの魂の奥深くから湧いてくる愛の心が人々の琴線に触れた時、初めてリーダーシップは成り立つ。

呉起が兵士の傷口のウミを口で吸い出して治療することは技巧であったかもしれない。しかし兵士が彼のために死ぬことができたのは、彼の行動が兵士の琴線に触れたからである。

太公望の酒も芝居だったかもしれない。だからといって、兵士に対する愛がなければ、酒混じりの沢水を飲んだ兵士が天下統一の日まで忠誠を尽し共に死線を越えることができただろうか。

「ウサギ狩りが終わったら、犬は烹《に》られる。敵を滅ぼした後は、功績を立てた武将が殺される(2)」

これは漢高祖・劉邦の天下取りに最大の役割を果たした功臣である韓信が誅殺される時に嘆いて言った言葉である。

近ごろの韓国政界もこの「烹（ほう）」が人間操縦の定石であるかのように流行っていることに慨嘆を禁じ得ない。**「指導者は愛される存在であるよりも恐れられる存在になった方が組織は安全だ」**と言ったマキアベリの言葉をそのまま借用しているように見えて残念で仕方がない。

古今東西こんな有り様であるから、世の中に安らぎの日は来ない。このようなリーダーシップが流行る限り、誰もリーダーを信頼しないだろう。今日まで政治がこのような泥仕合から抜け出せないでいる原因は、人々が上に見たようなリーダーシップを信じていることである。

『三国志』の登場人物である曹操は「治世の能臣、乱世の奸雄」と言われながらも指揮下の部下たちをそのようには扱わなかった。一例に曹操が敵将である関羽に見せた人間的な配慮が、後の三国統一に少なからず影響したことは決して偶然ではなかったに違いない。

「権力は銃口から出る」という毛沢東の有名な言葉がある。しかし銃口で政治を動かすことはできない。それは馬上で天下を得ることはできても、馬上で国を治めることはできないのと同じ理屈である。

銃口で治める政治はもはや政治ではなく暴力に過ぎない。「アメとムチ」をリーダーシップの範疇に入れないのと同じく、「烹（ほう）」も用人術に過ぎないのである。

前にも紹介した宋太祖の趙匡胤は唐の末期の五代十国時代まで続いた長い戦乱を収拾して天下を統一した人物である。


ある日、統一のために尽くした開国功臣たちを一堂に集めた。そのほとんどは軍事の実権を握る節度使だった。太祖は使いの者に命じて大きな刀を用意させ、それを黙って机の上に置いた。功臣たちは疑問に思い静かに太祖を見上げた。太祖はゆっくりとした口調で切り出した。

「君たちは皆私の玉座を欲しているであろう。かつては私も君たちと同じ地位の節度使から身を立て、今は皇帝の位になっている」

一瞬功臣たちの顔色が蒼白になった。皆、息を殺して皇帝の気色をうかがっていた。

皇帝はゆっくり言葉を続けた。

「人生は白馬が扉の隙間を通るようなものだ。君たちは故郷へ帰って静かに余生を送る考えはないのか」

次の日、一堂に集まっていた功臣たちは皆、兵権を献上しそれぞれの故郷へと帰った。太祖は彼らを功臣の班列に納めると同時に領地を分け与え、子孫まで面倒をみてやった。

このように政治の場においても「烹」する以外にいくらでも方法はあるはずだ。人間の行動を決定する心理的要因としてパブロフの「条件反射」が挙げられる。あるいは人間の動機付与について「アメとムチ」に単純化し、これをリーダーシップであるかのように教える傾向がある。

だが、これは大きな誤りである。なぜなら「恐怖と暴力」はこれを維持するために大掛かりな装置と努力が必要なうえ、それは永久的な手段にはなりえないからだ。同じことを「アメとムチ」に関して言うと、それは非経済的であるばかりでなく、その効果は時間的にも長続きしない。もちろんアメとムチが一時的には有効に作用することもありえよう。しかし長い目で見ると、それはあまりにも多くの犠牲を伴い、時間がたつにつれて矛盾が多く現れ、ついには崩れる結果になる。これは政治の場におけるリーダーシップにおいても同じことである。

旧ソ連や東欧圏があっけなく崩れたことや、今日の北朝鮮が国家というよりはむしろ暴力集団に支配された巨大な監獄に成り下がったのも、そのような理由からである。真理が永遠であるように、魂と魂が通う強い絆で結ばれたリーダーシップのみが永遠にあり続けられるのである。

昔、中国の魏の国の文侯（?―BC三九六）が将軍楽羊に命じて中山国を攻めさせた。いくら名将である楽羊でも攻略は困難極まりなく、中山国を降伏させるのに三年の歳月を費やした。凱旋将軍は意気揚々と文侯に謁見した。文侯は喜んで将軍を出迎えた。そして王は黙って大きな箱を彼に渡した。箱の中には遠征将軍を非難する文書がぎっしり詰め込まれていた。

これがリーダーシップだ。

貞観政要で有名な唐の太宗の「貞観の治」に比肩されるほどに後世に称えられた事蹟に、後代の玄宗が成した「開元の治」がある。

開元してまもないころ「姚・宋」という二人の名臣がいた。この二人が謁見に訪れると、玄宗は必ず席を立って二人を迎えた。二人が宮殿から退出する時も、皇帝自ら門のそばまで見送りに出たという。後に二人の後任に任命された韓休はあまりにも厳格で直言を惜しまないので、むしろ玄宗が負担になるほどだった。

ある人が「韓休が宰相になってから陛下は痩せられました」と言い、それとなく韓休の更迭を進言した。それに対して玄宗は次のように答えた。

「韓休のおかげで私が痩せたのは事実だろうが、天下は肥えたのではないか」

もしあなたが韓休だったら、それを聞いてどんな気持ちになっただろうか。感電したような戦慄をおぼえたに違いない。涙と感動で胸がいっぱいになったに違いない。同じような戦慄が恐怖から生じることもある。しかしそこには涙と感動は伴わない。むしろ冷たい憎悪が残るだけだ。人格と感動は魂の共鳴から来る。そこから組織のメンバーは、より高い次元のやり甲斐と喜びを得ることができる。これがリーダーシップの真髄である。そしてこれこそ人間が人間を心から愛した時に成し得るのだ。

（2）狡兔死走狗烹、故国破謀臣亡。（『史記』、淮陰侯伝）

四人間

アメリカの三十二代大統領のルーズベルト（F. D. Roosevelt：一八八二―一九四五）はアメリカ史上例のない、大統領を四期務めた人である。それだけでなくニュー・ディール政策を立案し、史上最悪と言われたアメリカの厳しい経済危機を克服した。そして第二次世界大戦を勝利に導いた人として、アメリカで最も偉大な大統領の一人と称えられている。それほどの人物であるにもかかわらず、ホワイト・ハウスに暮らしていた十三年間、一度も前大統領のフーバー（H. C. Hoover）夫妻を招待しなかった。

ルーズベルトの死後、大統領職を継承したトルーマンは自分の娘のピアノ演奏を評価しなかった評論家を平手打ちするほど短気な人だった。彼が極東軍司令官のマッカーサー将軍との関係が悪くなった時、「コレヒドール島で死にざまを見るまでほうっておけば良かったのに、オーストラリアに逃がしてやったことはルーズベルト大統領の最大の失敗だ」と悪態までついて見せた。その後まもなく歴史上最も高名な軍人のマッカーサーを解任してしまうほどの人でもあった。そんな彼が大統領に就任して最初に取り組んだ仕事がフーバー元大統領をホワイト・ハウスに招待することだった。年老いたフーバーは懐かしい大統領執務室に招待されて目に涙を浮かべた。激高型のトルーマンにもこんなにやさしい一面があった。

第二次大戦中、イギリスの首相チャーチルがアメリカを訪問した時、ホワイト・ハウスで最も安楽なベッドが置いてあるクィーン室が当てられた。ルーズベルトが彼に特別に配慮したのだ。チャーチルはルーズベルトの手厚い配慮ものの足りないと思ったのか、昔リンカーン大統領が使った部屋を要求した。アメリカで最も尊敬されるリンカーンに対する好奇心と尊敬はチャーチルも例外ではなかった。しかしその部屋のベッドは硬いことで評判だった。夜中の一時を過ぎた頃、チャーチルは古式の寝まきを着たまま自分の荷物を抱えてリンカーン室から逃げ出した。これは当時を回顧する警備員の話である。

その後、外務大臣のイーデンがチャーチルに随行してアメリカへ行った。チャーチルはイーデンに硬いベッドが置かれたリンカーン室を特別に要求した。年寄りのいたずら心だったのであろう。

イギリスの首相チェンバレンがドイツのヒトラーと会談した後、イギリスに帰国して国民に誇り高く演説をした。

「国民の皆さん、平和の日は遠くありません。皆さんは家に帰って枕を高くして休むことができるようになりました」

いわゆるミュンヘン会談で、彼はヒトラーにほぼ全てを譲歩してしまったことで、むしろ戦争勃発を促したという史上稀にみる外交的失敗を犯したにもかかわらず、成功したかのように帰国声明を声高らかに発表した。それから一年後ヒトラーがポーランドを侵攻して第二次世界大戦は勃発した。

このときの外交的失敗について『世界文化史』の著者ウェルズ（H. G. Wells）はこう言った。

「自然の冷酷な摂理は、時に愚行や弱みに対し最も重い罪として厳しく裁くのだ。今イギリスと全人類は名誉と義務から逸脱した彼の卑劣な行動に対する代価を払わなければならない」

辛辣な批判だ。それ以来チェンバレンの人気は町を歩けないほど地に落ちてしまった。

彼の後を受けて総理大臣に就いたのがチャーチルである。

「私は涙と血と汗のほかに捧げるものは何もありません」

下院でのチャーチルの就任演説の一句である。

就任後、彼はそれほど仲の良くなかったチェンバレンを丁重に遇した。彼が内閣に残る措置を取る一方、大小の会議には必ず彼を参加させるなど、一度も人前で彼を批判したことがなかった。

人間、それはいったい何者なのか。

泰山のような人物にも子供っぽさが見られるし、海のように寛容な人物にも心の片隅には少女のような嫉妬心が隠れていたりする。

そのことを戒めて、かつて荀子は
「人間誰しも始めは皆同じで、尭も禹も生まれながら聖人ではなかった。本性を変える修養を重ねに重ねた末、徳を完成させたのだ」

と喝破した。ところが荀子は
「人間の常を言えば牛肉や豚肉を食べたがるし、美しく刺繍を施した絹の服を身に着けたがる。また道に出る際は馬車に乗りたがるし、金持ちにもなりたがる。この欲望は人間が死ぬまで子子孫孫満たされることがない。つまりこれが人間の常情である」と言って、人間の本性は世に言う「悪」であると考えた。
実際問題として、恨みを抱く人間は蛇よりも邪悪なこともある。

昔、中国の斉の国の夷射という大臣が王様の宴席に参加した際、飲み過ぎて席を外して休んでいた。このとき一人の衛兵が近寄って、残りの酒があれば恵んでくれるように頼んだ。彼は「俺に物乞いをするな」と怒鳴りつけて追い払ってしまった。恥をかいた衛兵はおとなしくその場を退いた。夷射が宴会場に戻った後、先の兵士は門の前に水をまいた。

次の日に王様が登庁の際に、誰かが門の前に立ち小便をしたことに気が付いた。怒った王様はその場にいた衛兵を捕らえて審問した。この時を待っていたかのように衛兵は「王様、私は全く存じませんが、いま思い出せることは昨日の夜、夷射様がこの門に寄りかかっているのを目撃したことでございます」と答えた。夷射の必死の弁明も空しく彼は命を落とすはめになった。

この例から、荀子は小人物について、「心持ちは虎であり、行動は獣に似て、自分が人から敵に扱われれば、その相手を敵のように憎む」と言った。

それでは、世の中小人物ばかりかと言えば、そうでもない。

伯夷・叔斉がいれば、ガンジーもいるし、またシュヴァイツァーもいるではないか。

「人として善でない人間はいないということは、低いところへ流れない水はないのと同じことである」

孟子の言葉である。

子供が井戸の穴に落ちそうになったのを目撃して知らないふりをする人がいようか。人間は誰でも惻隠の心、つまり「仁」があり、また恥を知る心「義」、うやまう心「礼」、是非を知る心「智」があるはずだ。

このように仁義礼智の四端（四つの徳目）から人間を見れば、人間の本性は善ではないのか。これが有名な孟子の性善説である。孟子の性善説や荀子の性悪説がなくとも、人間は性善、性悪の両面を同時に備え持っていることはよく知られている。にもかかわらず、なぜ彼らは同じ「人間」について善と悪という正反対の立場に分かれたのか。

その理由はこう考えられる。

孟子が人間の精神面に焦点を合わせたのに対して、荀子は人間の肉体的な面に焦点を合わせたから、二人の結論が反対の立場に分かれた。つまり孟子は人間の道徳的自覚意識である心は善であるから、これを養っていけば人間らしい善い人間になるという立場から「性善」になる。

対する荀子は人間の本能的な衝動源である欲情に焦点を定めたから「性悪」になる。その人間を導いて望ましい人間に育て上げて「善」へと導かねばならないとした。人間自らが欲情を収めなければならないという立場から「性悪」になった。つまり孟子は「心善説」であり、荀子は「情悪説」と呼ぶのがより妥当である。厳密には、両者には人間に対する根本的な見解の差異などはないと言っていい。

そのことから荀子は「資質や知恵の能力は君子も小人物もかわりない、栄誉を好み恥を嫌う。利を好み害を嫌うのも君子や小人物にかわりはない。だがその求める方法が違うのみである」と戒めた。

人間なら誰しも心善、情悪の両面をもっている。それを求める方法が違うから教育が必要になり、リーダーが必要になるのではないか。

それでは人間はどんな創造物であろうか。人間のすべての行動は考えに左右され、その考えは頭脳活動によって支配される。人間の頭脳は大きく三つの部分に分けられる。脳組織の最も中心に脳幹があり、それを取り囲んでいるのが大脳辺縁系で、一番外側に大脳新皮質がある。脳幹は人間の本能をつかさどる部分でワニなどの爬虫類も持っている。次の大脳辺縁系は別名、動物脳とも呼ばれ、犬や猫のような動物が飼い主を識別し、家まで帰ってくるなどの機能を果たす部分である。最後に大脳新皮質は人間の脳だけにある部分で、是非の判断ができるなど創造活動を司る脳である。ところが、人間が人間らしく振舞うための大脳新皮質の活動は脳活動全体の五パーセントに過ぎず、九五パーセントは脳幹と動物脳の活動で占められるという。

これに照らし合わせると、人間は何を食べるか、どうすれば女を独り占めできるか、いかにしてもっと有利な地位を保てるかなどを本能的に思考する存在であり、ともするとこれが人間の本当の姿であるかもしれない。それ故にいわゆる情悪を退けることはできないばかりか、それが我々の頭脳の一部として思考の大部分を司るために人間は情悪から抜け出せない。これは人間の宿命なのかもしれない。

最近人間の脳にA―10というものが存在することが明らかになった。これは別名「快感神経」と呼ばれるもので、この部分に刺激を与えれば、人間は快感を得るようになるという。理論によると、人間は美味しい物を食べたり、性行為をする際にA―10が刺激されて快感を得るようになるという。つまり人間も本能的な欲求が充足されれば喜びを感じるように創造主が造ったのである。だとすれば人間に情悪を退けるように要求することは理不尽であるかもしれない。

それでは「心善」はどうか。

孟子は人間の自覚意識が善であると主張した。自覚は大脳新皮質の活動領域に属するから心善もまた妥当である。

最近の研究によって、人間が本能的な欲求を充足した時と全く同じ快感を精神活動を通じても味わうことができる、という事実が明らかになった。もう少し説明を加えると、人間が肯定的に考えたり、人のために尽くしたり、自己実現をするための精神活動（大脳新皮質）から来る快感は、ただ単に本能の充足よりもっと大きい快感を引き起こすという。つい最近明らかになった事実であるが、これは人間の頭脳から生産される二十数種類のホルモンがA—10を刺激して引き起こされる現象であることが明らかになった。その中でもβ—エンドルフィンという物質はA—10神経を自由に司るということも発見された。

不思議なことに精神的な欲求が充足される時はβ—エンドルフィンが無制限に分泌されるのに対し、本能的な欲求ではそのようなことが起こらないという事実がある。つまり食欲や性欲などが過度な場合は、脳内に「活性酸素」という物質が作られて倦怠感、拒否症のような心理的現象が引き起こされ、生理的には各種の生活習慣病を誘発するという。研究者はこの現象を「ネガティブ・フィードバック（negative feedback）」と名付けた。我々の一般神経はその活動が一定水準に達すると、その働きに対し自動的に制動作用がかかるという意味である。性欲や食欲の場合、どんなに強く働いてもいったん充足されれば、それを抑制するホルモンが分泌されその欲求を止める。それでも自制が効かない場合、生命体に不利に働くように組まれているのが人間の頭脳である。

自分自身の発展のために頑張り、人のために尽し、人のために犠牲を払いなおかつ愛する時、人間はより大きな幸福を感じるようになる。驚くべきことではないか。これこそ人間が進むべき道であり、宇宙が進むべき未来を示す神様のメッセージである。イエス様は、「心をつくし、精神をつくし、思いをつくし、力をつくして主なるあなたの神を愛せよ、……これより大事な戒めはほかにない」（マルコによる福音書　12：30—31）と言われた。『中庸』のはじめにも「天の命これを性と言い、性にしたがうこれを道と言う」と言っているではないか。

昔の聖賢は人間の本質、人間の構造を見抜いて我々の進むべき道を提示していたのである。

つまり、人が人のために犠牲を払って愛するというような昇華された行為は、苦痛を伴うのではなく、むしろ喜びを感じるように創造主は人間を造ったのだ。なんと深奥な神の意志なのだろう。我々はこれまでの経験から韓非子やマキアベリらの用人術などは決してリーダーシップの真髄ではないことを知った。

では、リーダーシップのかなめは何であろうか。

言うまでもなく「愛」である。

「互いに愛し合いなさい。わたしがあなたがたを愛したように、あなたがたも互いに愛し合いなさい」（ヨハネによる福音書　13：34―35）。どうしてイエスは数多い言葉の中からこれほど愛を強調し、愛より大きな戒めはないと言い切ったのか。どうして釈迦は「慈悲」を唱え、孔子さえも「仁」を主張したのか。

人間の肯定的な思考、感謝する心、愛する心が「至高経験」に至る道である。中でも「愛」が最も手っ取り早く最高の結果を生むことができるという事実を聖賢は知っていた。つまり偉大なリーダーは人間を愛する人であり、リーダーシップの始まりも終わりも結局は「愛」なのである。

第二章　立　命

一　志を立てる

一九八七年十一月九日付アメリカ『タイム』紙は次のような特集記事を載せた。
「誰か責任を負える人はいないのか。国家はいつもより指導力を求めている。しかし国家にはそれだけの人がいないではないか。（Who's in charge? The nation calls for leadership and there is no one home.）」

大統領がいなかったわけでもないし、州知事の数が足りないからでもない。上院議員も大勢いる。ところが、記事の特集は「人がいない」とうたっていた。

「Who's in charge?」

世界最強の国、豊富な人材を抱える国、リーダーシップについて記述した書籍が毎年五千冊以上も出版される国がアメリカである。にもかかわらずこの国には指導者がいないと憂慮する。

どの時代にも人がいない時代などはない。人間は大勢いても適才の人物がいないのが問題である。指導者はいても望ましいリーダーシップがないことに深刻な問題が潜んでいいる。

高い地位を占めている人は大勢いるが、正しい指導者が少ないことを嘆いているのだ。リーダーシップとは何であろうか。第一章で人がついていく資質であると述べた。率いていくためには人の先に立たねばならない。先頭に立つためには心身ともに健康を保たなければならない。そのためには常に心と体を鍛えなければならない。鍛えれば常に自信に溢れ、人が後からついてくることになる。

心と体を鍛えるため、最初に取りかかるべきことは何であろうか。言うまでもなく、志を立てることである。志を立ててこれを養うことだ。志とは何であろうか。自覚であり目的である。そしてそれを成し遂げようとする意欲である。志がないということは生命の自覚もなければ、目的も意欲もないということである。他人を率いていこうとする指導者にとって必要なことは言うまでもない。

「志がある者、やがてことを成す」――『後漢書』の言葉である。

ある老人が渭水に釣り糸を垂らしていた。魚を釣るのではなく天下を釣るために真っすぐの釣り針を使っていた。その人は太公望・呂尚である。年すでに八十歳。孫と遊ぶのも精一杯な年齢ながら、天下を救おうという一念でじっと時を待ち続けていた。

時は殷の三十一代紂王の時代（BC一一〇〇年頃）、紂王は妲己《だっき》という妖婦にうつつをぬかし、炮烙の刑、酒池肉林など文字通りありとあらゆる悪行と淫行につかっていて天下は甚だ乱れていた。

ある日狩りに出かけた西伯（後の周の文王）は、一風変わった釣り人に心を引かれて話しかけた。

「釣りはおもしろいですか」

呂尚は答えた。

「釣は世の中と似ているのじゃ」

「世の中に似るとはどういうことでしょう」

「釣りにも権謀がある。釣りは富で人を釣るのと同じなのじゃ。良い餌を使えば大きい魚が釣れるのと同じく、大金を積めば人を死地へも向かわせる」

以後、呂尚は西伯の軍師に迎えられた。天下を救おうとする彼の長年の志が八十歳になって実ったのだ。彼は文王と武王の二代に奉仕して殷を滅ぼし周の建国に尽くした。もし彼に志がなかったら、八十歳になるまで時を待ち続けることができたであろうか。我慢強い志があったからこそ年を忘れて時が巡って来るのを待ち続けることができたのである。

なぜ志を立てなければならないのか。

志があってこそ「命《めい》」を考えることができる。「命」が分かってこそ、自分の進むべき道を悟る。悟ってこそ自己を振り返ることができる。一旦、志を立てれば目標へ向かって邁進することができる。

人は「立志」しなければ舵のない船に等しく、手綱のない馬に等しい。

王陽明の言葉である。

それでは「命」とは何であろうか。

「命」は天が与えた天賦の能力とわきまえである。天命とも運命とも言う。俗では運命と言えば、すぐに不変の「運命」と考える向きもあるが、これは間違いである。運命の運とは文字通り、動いて変化する「運ぶ」の意に過ぎない。命は能力であり、わきまえである。磨けば能力は大きくなる。修養を積めばわきまえも変わる。これが「運命」である。運命は変わる。どれくらい努力するか。いかに真摯に心を磨くかによる。運命は自分で開いていくものである。それが「立命」である。

宇宙で最もはっきりした原理といえば、万物は流転し変わらないものは何一つない、ということである。人間の運命も例外ではないと分かったら、人間は自分のもって生まれた命（能力とわきまえ）が何であるかを深く理解し（知命）、自分に与えられた命を開発し発展させていける。そうして心の安らぎを得た時、不変のようにみえる運命も変えることができる。

明の時代に袁了凡という人がいた。名を黄と言う。豊臣秀吉の朝鮮侵略（文禄・慶長の役）を前にした時期に、李如松に先立って朝鮮に来たこともある博学多才の儒学者である。彼は息子のために『了凡四訓（陰隲録ともいう）』という著作を残した(3)。

彼が若いころある奇人に出会ったことがある。その人が自分の過去の歩みをあまりにも正確に当て、また未来のこともそれらしく聞かせてくれることから、人間の運命は変わるものではなく、決まった運命を抱えて生まれてくるもので、好みや良し悪し、努力などに関係なく、生まれる以前に決まった手順に従って生きていくのだ、というように信奉するようになった。

ある時、彼は上海で雲谷禅師という人を訪ねて、運命論について自分の考えを説明すると、非常に驚いた禅師は次のように言ってくれた。

「あなたは大きな間違いに陥っている。人間というものは、もともと無心でいられないことに問題があるのです。人間は世の中のあらゆる物事に心を奪われると、それに支配されてしまうのです。このように自分以外の周りの出来事に操られるから『運命』に支配されてしまうのです。

ところが、真の無心の境地に至れば、真の知恵が湧いてきて、物事、因果関係、または『命』というものまでも悟りを得ることができます。そうなったら、やっと自分が自分の運命の主になって運命に目覚め、今度はそれを操ることもできます。

我が禅家の立場を言うと、因果の法則を悟れば運命が分かり、自らがそれを支配することができると教えます。

逆に凡人は物欲に目が眩んで法則が見えないゆえ運命というものに支配されてしまいます。よって凡人は生まれながら運命についていくしかありません。その対にいる聖人や達人は運命を自由に変えたり操っていけるのです。

そのうえ、あなたは儒学を学んだ方なのに、『命は私から、福も私から求める』という『詩経』の言葉、あるいは『天命は変わる』と言った教えを知らないでいるとはどういうことでしょう。わが仏教の経典にも『あえて功名を求めるなら得られないわけがない、富貴もまた求めれば得られる』と教えています」

彼は禅師の話に深く感じ入って、心持ちをあらたにして修行に精進した。そしてそれを実践したら面白いことに、これまで自分の運命を正確に当てたと思い込んでいた奇人の予言がそうでもないことに気付いた。

予言によれば、彼は五十三歳になる八月十四日丑時にこの世を去ることになっていたが、その日になっても彼に何も起こらず無事に過ごした。また予言どおりなら、彼にはできないはずの子孫も生まれて家も豊かになった。人間の吉凶というものはみんな自分自身から始まるという禅師の教えに感謝し、精進を重ねた彼は、明末時代を指導する大きな人物に成長した。そして自分が体験したことを後世に一冊の本にまとめて残した。

これが今にも伝えられる『了凡四訓』である。

アレクサンダー大王（Alexander the Great）の立志は何であったのか。彼の夢は、ギリシアやマケドニアなどバルカン半島に限られていたそれまでの世界を、東方の小アジアにまで拡大することだった。単なる征服ではなく東と西を一つにつなぎたいという遠大な抱負だった。それが天命として授けられた自分の運命であると考え、それにしたがって自分が成すべき志を立てた。後の歴史家たちはこれをヘレニズム（Hellenism）と呼んだ。彼の大業は東西交流を通じて新しい文明を誕生させた偉業であると歴史は記録している。

大王は東方遠征を前にして自分が持っていた全ての財宝を部下たちに分け与えた。大王の倉庫が空になったことを心配する臣下に、大王は次のように言い聞かせた。

「私には最も大事にする宝が別にある」
「それはどういうものでございましょう」
「〝希望〟というものだ。今、私がここにいられるのも希望があるからだ」

大王の言う「希望」をほかの言葉で表現すると「立志」であり、「立命」である。シーザー（Julius Ceasar）はそれを「運」と呼んだ。ナポレオンは「星」とも言ったし、フランスのド・ゴールは「本能」とも呼んだ。

「フルシチョフやスターリンなどは一時期にせよ世界を震撼させた強力な指導者だったと同時に、ややもすると大事件をも引き起こしたかもしれない危険な指導者でもあった。

山をも動かすことができた毛沢東も幾万人の生活を破壊した」

ニクソンの話である。

なぜ、彼らは危険な指導者、他人に不幸を与える指導者に成り下がったのか。

「立志」が間違っていたからであろう。

（3）『陰隲録を読む』安岡正篤著、致成出版社、平成二年。

二　運命を開拓する

「人生五計」というのがある。宋の時代の学者である朱新仲という人が残した人生計画である。彼は当時の名将の岳飛と同時代を生きた人物で、一人の人間が世に出て正しい人生を送るために五つの考え方を用意するように勧めた。

その一、生計　――ただ単に食べていく経済問題ではなく、身体を健やかに維持するための方策は何であるか。

その二、身計　――身の置き方であり、どのように処世すべきか。どのような志を立て、何のために世に尽力すべきなのか。

その三、家計　――一家の家長としていかに家庭を治め、子孫にはいかに教えるか。

その四、老計　――気力が衰える老年をどのように迎えるべきか。

その五、死計　――一度生まれたら一度は死ぬのが人間の定めである。いかに死を迎え一生を閉じるか。

人間の人生は一度きり、豊かに暮らす人、貧乏に生きる人、やり甲斐をもっておおいに尽力する人がいるかと思えば、あらゆる悪行を振る舞って世を去る人も大勢いる。

一度きりの人生にこんなにも差が出来るのは、いかに「人生五計」を準備し、そのために一生懸命邁進したか、否かの差である。立志によって我が運命さえも変えることができると言うではないか。

かつて子貢は「器の大きい人は伸びることを知り、器の小さい人は伸びないことを知る」と言った。もう少し説明を加えれば、身の回りばかりに気を取られていたら、それくらいの人間にしかならないが、目を転じてもっと大きいところまで立志を広げればそれに見合った立派な人間になれるということであろう。

どうせ一度しかない人生、この世があるから私も存在するが、この世に生まれた以上は私が世の中心である。誰も私に代わることはできないし、私のことは私が成すものであり他人が私に代わることはできない。私は今の私に終わるのではなく、昨日の私も私、明日の私も私であり、そして死んだ後も私である。

単に一人でこの世に来て一人で去っていく無意味の生物ではなく、私は誰かの子であり孫である。また誰かの友でもある。家では誰かの夫でもあり、子の父でもあり、社会の一員としての私である。その私の重みは決して軽いものではない。大なり小なりたった一度の人生経験であるから、「五計」を育てて真剣に考えてみるのも損はしないだろう。まして人をリードする指導者になるのならなおさらだ。

「指導者は現在の立場からもう一段高い次元に目を置かなければならない」

これはパスカルの言葉である。

ここに言う五計――生計・身計・家計・老計・死計はそれぞれが大きな絵であるから、その役割を上手にこなすために、まず修養を重ね、身を磨かなければならない。つまり修身であり、精進である。

それでは何から始めようか。

全ての中心は私であると言った。学問も自分のために取り組み、全てを自分から求めなければならない。他人を正すより自分を正す方が望ましいし、他人に勝つより自分に勝たねばならない。他人を知るより自分を知らねばならない。

子路と顔淵と子貢の三人が「智」について話し合った。「智者とは人に自らを知らしめる人だ」と子路が言った。「智者とは人を知ることだ」と子貢が言った。そして顔淵は「智者は自らを知るものではないか」と言った。そばで黙って聞いていた孔子は頷いて言った。「そのような人を士君子という」

『孔子家語』の物語である。

ソクラテス（Sōkratēs）の言葉が、ギリシアのデルフォイ（Delphoi）の神殿のアポロン神殿碑文にも「己を知れ（gnōthi sauton）」と刻まれているというではないか。真に真理には東西の区別がないことに驚くばかりだ。

智者になるためには何から始めたらよいのか。

「呉下阿蒙」という言葉がある。阿蒙は三国時代の呉の将軍呂蒙を指す言葉で、いつも発展のない人、努力しない人の意味に使われる。

呂蒙は赤壁大戦で北から攻めてくる曹操の百万大軍を撃破したことで歴史上にも有名な人物である。それほどの人物でも若いころは自分の強さを威張り、相当な地位に就いても勉強嫌いだった。

彼の主君の孫権が呂蒙を呼び入れて忠告した。

「君は重要な役職に就かなければならない。そのためには地位に見合った学問も積まなければならない」

すると呂蒙は、「私の職務のほとんどは陣中の軍務でございますので、どうしても学問とは距離があるようです」と弁解したため、孫権は

「何を言う。学問を積んで学者になれとは言ってない。私は若いころから政を預かっているが、三史（戦国策、史記、漢書）と兵書の勉強は怠らなかった」と厳しく叱った。

主君の叱咤を受けた呂蒙は反省し、孫子の兵法や『六韜』をはじめ『史記』などの他にも、『左伝』、『国語』に至るまで読書を怠らなかったという。

そして彼が学んだことはその後の戦術に大いに役立ったに違いない。北からの曹操の侵

攻を退け、西からの関羽をも切る戦功を挙げる名将に成長した。

このように学問は修養の始まりである。孔子も「私は十五歳で学問を志し、三十になって独立した」と言って学問の修業を勧めた。

では、なぜ学問をするのか。知識を得るためである。

知識は知ることであり、聞いて習って理解することである。だがしかし、知識、即ち知るということは生活にさほど役に立たない場合も多い。世の中を生きていく過程で様々なことにぶつかる。それをうまく処理し、また自分の信念どおり進めるには知識はさほど力にならない。不思議に思うかもしれないが、知ることと行動することとは別の話であるからだ。

一見無用に見える知識をその人の能力として発揮できるようにするにはどうすればよいのか。そのためには先ず知識をその人の識見に発展させることが求められる。識見はただ単に知るという問題ではなく、生きるなかで身につけた経験と知識が一体になることをいう。ある事件を前にして、適当な判断を下すためには知識で考えるとうまく行かないが、最小限の識見でもあればうまくいく場合が多い。

日本で戦国を統一するなど歴史上偉大な英雄に称えられる人に、朝鮮にも攻め込んだ豊臣秀吉がいる。彼は日本を支配していた時代に京都の淀川の氾濫に悩まされた。ある夏の日、大雨に見舞われ堤防が決壊してしまった。

人々はどうすることもできず、雨足はどんどん強くなり洪水は町全体を飲み込む勢いだった。堤防を築くにはもはや砂袋では間に合わなくなった。皆、口先の対策を述べるばかりで洪水に太刀打ちできなかった。水との戦いに悪戦苦闘しているところに、切れものとの評判の石田三成という家臣が駆け付けてきた。

彼は到着するなり手下の者に「蔵を開けて米俵で堤防を高く築け」と命じた。人間が食べる大事な米で洪水を防ぐとは誰も考えつかない奇策にみえた。皆が一斉にとりかかって数百俵の米俵を積み上げ、堤防を高くしてやっと川の氾濫を食い止めることができた。そして、後にその米を罹災民に施した。

これが識見というものである。

だが、世事は、識見だけではうまくいかないこともある。識見は正確な判断を下すのには役立つが、事に当たっては直ちに行動が伴わねばならない。行動に移してそれを成し遂げるにはどんなに判断が正しくても手を拱いて待っているのでは何にもならない。知識と行動が違うように、行動を伴わない識見だけでは不十分というわけだ。

指導者には識見の他に何が求められるのか。それは信念である。誰もが知っていることであるが、世の中はいろんな要素が互いに密に絡み合っている。何かの行動を起こす際には一人で考えて判断する時と違って、その影響はあらゆるところまで及ぶ。なかには好きな人もいれば嫌いな人もいる。人のためにやったつもりでも、一方ではそのために損する人も出てくるのが世の中の常である。

行動を起こすためにはある程度の反対と非難は甘受しなければならない。時にはケンカも覚悟する勇気が必要だ。このように行動を起こすのは容易なことではない。しかし高い識見に裏付けられた行動力には皆が従う。指導者に求められるのはあくまでも知識より識見であり、信念は識見よりもっと大事なのである。

信念を養う方法はあるのか。

まず自分を磨いて人から学問を習い、自分の経験と人格をかけてそれを消化する。それから自分が考える世の中、自分が考える価値、そのうえ天命による使命感が加わり、自分の夢と志を立てた時にようやく知識が信念に変わって我がものになり、衆知を集めることができる。

人の上に立つ指導者を目指す者は、熱心に勉強し、その自己錬磨を通じて、自分の胸の奥深くで、それを信念へと昇華していかなければならない。かつて韓非子は**「知ることが難しいのではなく、知った後の対処が難しい**[4]**」**と言っていた。

信念というのは、行動力の裏付けであり、すべてをかける勇気と自信感でもある。時にはいかなる犠牲も甘受する精神である。「今夜、世界に終末が訪れるとしても、明日を準備して午後を楽しむ」と言ったギトンも真の信念の持ち主である。

二千年も昔の話だが、ソクラテスは捕えられ、投獄された。脱獄して生きながらえることもできた彼が「法は絶対に守らなければならない。悪法も法なり」と言い残し毒を飲んだのも信念があったからだ。

第二次世界大戦を指揮したマッカーサーは時に部下を困らせた。戦闘が開始され陣地のあちこちに敵の砲弾が打ち込まれても待避せずに、泰然として双眼鏡で敵情を観察することがしばしばあった。参謀たちは恐る恐る待避を勧めたが、「だれもまだ私を打てる弾を作っていない」と言うのであった。

朝鮮戦争中にも彼は全く同じように振る舞ったという。ベトナム駐屯白馬部隊の師団長を歴任した朴賢植将官の目撃談である。一九五〇年六月二十七日、ほとんどの韓国軍兵力が退き前線が崩壊した後、わずかに生き残った部隊がやっと漢江を渡って防御陣を張っていた時である。事前に何の連絡もなくマッカーサー司令官がソウル近郊の水原飛行場に降り立った。そのまま車を走らせて漢江防御線の視察に出向いた。当時は国連の参戦決定があっただけで韓国軍は北朝鮮の戦車隊に素手で立ち向かうという大変危険な時期だった。そんな所に連合軍最高司令官が僅かな随員のみを連れて危険な最前線に現れたのだ。

巨体のマッカーサーは特有のカーキー色の服装で、使い古した帽子、サングラス、それに口にはコーン・パイプをくわえて向こう岸の敵を睨んでいた。この時突然二機のソ連製YAK戦闘機が味方の陣地に襲いかかってきた。開戦当初は制空権が北朝鮮に握られていたため味方は太刀打ちできない状態だった。驚いた参謀と随員らは地面に体を伏せたが、マッカーサーは巨体を真っすぐに立てたまま黙って敵の方を睨んでいた。

ニクソンの回顧録には次のように書いてある。


初めてマッカーサーを見たのは一九五一年で、上院議員として彼の告別演説「老兵は死なず――」が行われる上下両院合同会議場であった。彼は古代神話にでも登場する英雄のように壇上に上がった。彼の一語一語はあまりにも立派で迫力に溢れ会場を圧倒していた。会場全体は魔術にでもかかったような雰囲気に包まれた。熱烈な拍手で、彼の演説は幾度となく中断された。

そして「老兵は死なず、ただ消え去るのみ」という感動的な言葉で告別の辞を締めくくった際、目に涙を浮かべた議員らは一斉に起立して絶叫した。この光景はアメリカ歴代大統領の誰も受けたことのない議会史上最大の歓呼だった。

やがて熱烈な拍手に答えながら堂々と壇上から離れると、どこからともなく「これは神の声に違いない」という驚嘆さえもあちこちからあがった。

現役時代の彼は大統領に対しても国家や世界の未来問題に関する自分の信念を曲げることはなかった。彼の信念に打ち勝てなかったトルーマン大統領は代わりに彼の椅子を奪うしかなかった。

一九三四年参謀総長時代に予算問題でルーズベルト大統領と真っ向から衝突したときのことだ。同行した陸軍長官が主張すべき問題に口を閉ざしていることに腹を立てた彼は「もし戦争が勃発してアメリカの青年の胸に敵の刀が突き刺さり、敵兵の軍靴が我が若者の首を踏みにじったら、その責任の矢先は誰に向けられますか。それは私ではなく、大統領閣下あなたでしょう」と怒鳴った。同行した長官の顔が青ざめたとの話である。

マッカーサーこそ、まさに信念の人であった。

（4）非知之難也、処知、則難也。（『韓非子』説難篇）

三　日に日に新たに

「一日を新しくすることはまさに日々新しくなることであり、また日ごとに新しくなることである」

『大学』の言葉である。伝えられるには、殷王朝の始祖の湯王が自分の洗面器に刻んで毎朝読んだと言われる文句である。

日ごと新しくなる。毎日が変わっていく世の中で王自身も日々新しくなる。なんと徹底した精進であろう。

ギリシアのヘラクレイトスは「万物は流転する。今日の太陽はもはや昨日の太陽ではない」と言った。

宇宙は一刻も休まず変わるのに、生きている人間が変わらずにいられるのか。古今東西を問わず聖賢たちは、懸命に心と体を修養することを教えた。まして人の上に立とうとする指導者に至っては言うまでもない。

春秋戦国時代の強国に数えられた楚の荘王が、臣下の詹何に尋ねた。

「国を治めるにはどうすれば良いのか」

詹何は「私は自分を磨くのは知っておりますが、国を治めることはあまり存じません」と答えた。すると王は「国をうまく治める方法が知りたいのだ」と重ねて尋ねた。すると詹何は「君主が自分自身を十分磨いているのに国が乱れたという話は聞いたことがございません。また君主が自分を修めることを怠った国がうまく治まったという話も聞いたことがございません」と答えた。賢明な荘王は「そうか。良く分かった」と頷いた。


人を治めるより自らを修めるのが先であるとの諫言である。

修身のなかでも、心を磨くのは最も難しいことであろう。学問を習い、体を鍛えることなどは勤勉でありさえすればできなくはない。だが人間の心の奥から湧いてくる煩悩、仏教でいう五つの煩悩から抜け出すことは並の人間には難しい。

つまり貪（欲張り）・瞋（怒り）・痴（愚か）・慢（怠け）・疑（疑い）などである。

心の煩悩は頭脳の問題とははっきり区別される。今日学問などにおいて盛んに言われる主知主義教育では振り払うことができない。煩悩は聞いて理解できるような頭の問題ではなく、心で感じて体得したとき、そこから何かを得られることである。

唐の時代に徳山宣鑑という僧侶がいた。彼は経に長けていて、特に金剛般若経に関しては当代の第一人者であると自他ともに許される人であった。それほどの彼も竜潭に居を構える崇信という僧侶に師事して初めて悟りの境地に入ることができた。

真の信仰は経に精通することではなく、自分自身を省みることができてこそ可能になる。付言すると知識ではなく自己の本性である「真如心」に立ち返った時に初めて悟りの境地を知るのである。

いつものように宣鑑は夜遅くまで師の説法を聞いていたが、それが全く自分の心を鳴らさなかった。夜が明けるころに師は「宣鑑よ、私の知る限りの全てをお前に教えた。お前は私から離れる時がきた。今すぐにここから立ち去るがよい」と言った。宣鑑は困った。自分なりに一生懸命習ったつもりであるが、どう考えても何かを得た気がしなかった。

「お師匠様、今去らねばなりませんか」

「私が知っていること全てを教えてやったと言ったではないか。急ぎなさい。まだ暗いから明かりを灯した方がよい」

宣鑑が明かりを持って門を出ようとした時、師は突然明かりを取り上げて投げ捨ててしまった。辺りは漆黒の闇に包まれた。

「早く行け」と師は怒鳴りつけた。

その瞬間、宣鑑は閃くように悟りを得たという。


この逸話は「撃竹宣鑑」という有名な故事である。

彼が悟りを得た契機は彼自慢の金剛経でもなければ、師匠の説法でもなかった。

「**目的もなく本を信用することは本がないのと等しい**」と『孟子』に書いてある。心を磨くのは書籍だけでは足りないと教えている。また荘子は「**上の者が知を好み、道を軽んずれば世の中は混乱に陥る**」といって知の限界を戒めた。

心を磨く方法はあるのか。先ず心を磨く前に身体を磨く。かつての聖賢も、書籍からではなく、瞑想や苦行を通じて心を磨き煩悩を克服しようとしたのも皆わけのあることだった。

中国の禅宗の百丈禅師は「**一日不作、一日不食**」といった。一日でも働かなかったらその日は食べてはならないという意味である。

「心を磨く」と言わず「不作」つまり「働かない」という表現を使っている。その理由は仏教では「色心不二」といい、身体（色）とこころ（心）は二つではなく一つであると考えるからだ。身体と心に限らず、宇宙に存在する全てが個として独立して存在するかのように見えるが、実は全てが深い関係で結ばれて存在しており、大きく一つとして考えるという。いわゆる**全一性**(5)である。

心を磨くためには心そのものを修養するのも一つの方法だが、その代わりに肉体を磨くのも同じ効果があると考える。ある意味では、むしろ身体の修養の方がより効果的であると考える向きもある。多くの賢者が修行の手段に苦行を重ねた理由もここにある。私たちも学問を積むほかに何らかの修行を並行した方が望ましい結果を得られる。

一日暮らせば一日磨き、二日暮らせば二日磨く。宇宙は日々変化していくから自分自身も毎日新しくならなければならない。

どうやって磨くのか。

肉体を磨くのが望ましいが、苦行を重ねるのは現実的に難しい。次善の策として瞑想を勧める。その日一日を振り返って瞑想する。

己を捨て、他人を愛し、遠く未来まで考えるといってもそうたやすくはない。修行は自己との戦いであり、自己克服でもある。己の犠牲をためらう人は、指導者の道を歩むべきではない。

（5）全一性とは、精神と物質を区別して考える還元主義的な考え方とは違って、精神と物質は同じ根源から始まったのはもちろんで、宇宙を構成する要素も部品または部分として存在するものではなく、互いが密に繋がる全体としてとらえるという。（『新科学散策』、ソウル、金英社、一九九二）

四　教養を身につける

歴史上、大王という称号が付く王はアレクサンダーとフリードリヒ（Friedrich Ⅱ）のみである。

フリードリヒ大王は、当時としては弱小国であったプロイセンに生まれて周辺四カ国（オーストリア、フランス、ロシア、スウェーデン）を相手に『七年戦争（一七五六―一七六三）』を戦い、昔からの願望であったシュレジエンとグラーツ地域を併合して後のドイツ統一の基盤を築いた人である。

この戦争で大王が大きな成果を収めることができた理由に、次の三つを挙げることができる。

第一、父王のフリードリヒ・ウィルヘルム一世から受けついだ「ポツダム巨人軍」の存在がある。巨人軍は父王の近衛兵で身長二メートル以上の兵士を選んで編制した部隊で、厳しい訓練を課して当時ヨーロッパの最精鋭部隊として恐れられた。父王が五十三歳で亡くなる際に、彼はおよそ八万の精鋭部隊を相続していた。

第二に、ユンカー（Junker）の存在である。ユンカーとはエルベ川以東の北部ドイツの小さな貴族集団で、彼らの息子は少年時代から従軍するか、またはドイツ騎士団に属して東北部の異教徒との戦争に参加する。ユンカーは五〇〇ヘクタールほどの農場を経営し、次男以下の男は皆プロイセンの官僚になるか、もしくは常備軍の将校に抜擢されて務めを全うする。後に彼らはドイツ参謀部の中核をなす存在になる。二十世紀に入ってからもドイツ陸軍将校の二〇パーセント以上をユンカー出身が占めた。彼らは謹厳な、ルター派プロテスタントとして国家に対する忠誠心を最高の徳目とする集団であった。

第三に、フリードリヒ大王は戦略家として優れた才能の持ち主であった。後に登場するフランスのナポレオンが最も心酔した戦略家がフリードリヒ大王だったのも単なる偶然ではない。大王の戦略の目標は徹底した制限戦争の遂行であった。劣勢な兵力のハンディキャップは迅速な機動力を使ってカバーした。そして兵力を一点に集中させ瞬間的に敵に大きな打撃を与えて戦闘を勝利に導いた。プロイセンの国力から勘案すれば、全面戦争で相手に挑んではかなわないことを誰よりもよく理解していた。

特筆すべきは行軍速度であった。当時の歩兵部隊の一日の行軍速度は一〇キロほどだったが、巨人部隊はその倍の二〇キロ近かった。その速さは後のナポレオン時代に入ってこそ可能な移動速度であった。

その他にも砲兵火力の効果的運用を挙げることもできる。迫撃砲の増強など戦術・戦技の開発においても他の国より一歩先を行った。このことから後の歴史家は彼を偉大な軍事戦略家として位置づけた。

そんな彼も若いころは文学と音楽に心酔していた。それを心配した父王に投獄され王位継承権を剥奪されたこともあった。牢獄に捕らわれた彼は脱獄に成功し、結婚を夢見てイギリスに逃げる計画を立てた。だが、逃げる途中で捕まえられ本国に連れ戻された。彼の逃亡を手伝った将校が処刑されるなどの曲折を経て後に王位に就くことができた。

彼は王になってから言論の自由を認めた。拷問の廃止、信仰の自由を認めるなど、当時としては画期的な自由と啓蒙政策を実行するなどの改革を断行して、国家を富強するために力を注いだ。ドイツのカントもこの時代を「フリードリヒの時代」と名付けて大王の治世を誉め称えるほど、彼の時代は華麗な時代の幕開けとなった。

大王の業績はそれにとどまらず、音楽や文学にも優れた才能の持ち主で自らフランス語で本を出版したり、交響曲を作曲したりもした。「音楽の父」と呼ばれるバッハ（John S. Bach）も大王の交響曲には感嘆したと言われるほどだった。

フランスのナポレオンも野心家または戦略家と知られているが、若いころは著述活動に没頭して小説も残している。一七八六年の十七歳の時に書いた寓話集『ウサギと犬と狩人』、エッセイ集『人生について』はナポレオンの第一作であり、翌年にはコント集『仮面の予言者』を書き上げた。フランス革命が勃発した八九年には『愛国者ジャンピエロ・オロナノ』を書き、歴史論『コルシカ小史』を起稿した。だが、『史論』の脱稿はそれから十年後となった。

一七九〇年から九一年にかけては『幸福論』、『恋愛論』の論説を執筆した。『幸福論』では**「幸福の基礎になるものは思想と言論の自由、またその素質にふさわしい生活にある」**と主張するのも忘れなかった。

ナポレオンが書いた論説の中で特に問題になったのは、『ボーゲルの夕食』（一七九三）である。これは革命について対談形式で書かれた政治評論であるが、次の年にパンフレットにして公表したところ、これがジャコバン党の支持者とされて逮捕されるきっかけとなった。ちなみに「ボーゲル」はレストランの店名である。

本格的な小説は、彼が二十六歳になる一七九五年を前後したころの作品で『クリソンとアンジェニー（Clisson et Engenie）』がある。これはナポレオン自身の自叙伝的な短編小説で、フランス革命期の混乱した時期を生きた青年将校の戦争と愛の物語である。この小説が日の目を見たのは、ナポレオンの死後百年も経った一九五五年のことである。小説の原稿はナポレオンが発表しないままいつも携えてエジプト遠征時にも持参していた。後の流刑地のセントヘレナ島にまでもって行ったという。

小説は約三万六千語を大型原稿用紙十二枚に書き上げたものである。ナポレオンの死後、側近たちがそのうちの八枚を収拾し、今はワルシャワのコルニック城の歴史博物館に保管されている。残り四枚は行方不明だったのだが、二十世紀に入ってロンドンの骨董品市場から見つかった。

ナポレオンの軍事的な業績に匹敵するのが、「ナポレオン法典」である。

ナポレオン帝国は一八一五年に崩壊するが、彼の残した民法典はその後百年以上にわたってヨーロッパを支配する基本思想となった。ナポレオンが一八〇四年に公表し、一八二五年に「ナポレオン法典」と名付けられた民法典は「法の前の平等、個人の自由、所有権の尊重」などが盛り込まれ、フランス革命の「人権宣言」を具体化したものだが、これは近代国家の法典の原型としてヨーロッパ大陸はもちろんのこと、アメリカ大陸にまで影響力を及ぼした。これがローマのユスティニアヌス法典、ハンムラビ法典とともに世界三大法典と呼ばれるようになったのは彼の軍事面における偉業以上に意味あることかも知れない。

ナポレオン法典が高く評価されるのも、彼の文学的な才能が一役買ったからであろう。民法典をはじめ刑法・商法及び刑事訴訟法など一連の法律の素案が法律専門家の手によって固まった際、専門家しか理解できない複雑で難解な文章にナポレオンの手が加えられたことで、民衆も理解しやすく、なおかつ文学的な香り豊かな散文として生まれ変わった。評論家のサンダーバーグはナポレオンの文体について「ナポレオンの手が加えられた法典の条文は、パスカルの文章のように簡単で明瞭な文章に生まれ変わった」と高く評価した。

『赤と黒』の著者スタンダール（Stendhal）は文学修業のためナポレオン法典を何度も熟読したという。ナポレオンのように簡潔で平易な文体で小説を書きたかったからである。スタンダールは十八歳のとき、竜騎兵六連隊の少尉としてナポレオンとともにイタリア戦闘に参加したのをはじめ、有名なマレンゴー戦闘、オーストリア戦闘にも参加した経歴がある。ナポレオンと言えば、軍事戦略家の代名詞のように知れ渡っていたが、偉大な軍人としての資質は次のような平素の努力と才能があってこそ可能だった。

第一、彼は乗馬に秀でていた。士官学校時代「ボナパルトを探すなら、馬場に行け」と言われるほど幼いころから異常なくらい乗馬に熱心だった。後に皇帝になっても「陛下は室内にいる以外は馬上にいる」と言われるほどだった。戦場では馬に乗って部隊と地形を視察し、馬上で報告を聞き、作戦を練った。また馬上で部隊に指揮命令を下した。あるときは馬に乗ったまま食事を取り、その上で寝ることもしばしばだった。

ナポレオンと馬はほとんど一体であった。このことは戦場においては何よりも強みであった。いかなる地形でも自由自在に馬を操ることができた。また誰よりも長時間馬に乗って速く走ることができた。

なぜナポレオンはそこまで乗馬に執着したのか。

よく知られたことだが、彼は短躯だった。軍人として特に総司令官として短躯であることはハンディキャップにならざるを得ない。それを克服するためにも馬に乗ることで彼は低い身長を隠すことができ、常に野外で馬に乗ることで威風堂々とした姿を見せることもできた。馬術に長けていた彼は、地形の偵察から敵情探索などを直接行い、戦闘に臨んでは作戦や戦闘状況の変化に迅速に対処することができた。彼の優れた野戦指揮は優れた乗馬と戦術の結合で一層輝きを増していた。

「ナポレオンが戦場に姿を現すことは四万人の戦力に匹敵する」とウェリントン

(Wellington)は高く評価した。また当代最高の名将は誰かと聞かれると「もちろんナポレオンである。古今東西を問わず彼に及ぶ者などいない」と回顧したのもウェリントンだ。

乗馬がナポレオンの軍人としての成功に一役買ったように、彼のフランス語の実力も彼の成功のために大いに役立った。コルシカ出身である彼は二十歳になるまでフランス語が下手だった。特に幼年学校時代（十―十五歳）はなまりのあるおかしなフランス語のため学友からいじめられることが多く、放課後や休み時間は読書や作文などにあてた。皆が外出し、空になった学生寮で独りギリシアとローマの英雄伝を熱心に読んだ。彼の懸命な努力が実を結び完璧なフランス語だけではなく、フランス語がもつ鋭い感覚まで身につけることができた。またギリシア・ローマ史の壮大なドラマは彼が後の戦略家としてまた政治家としての資質を開発するのに大いに寄与した。人類が生んだ最高の知性の一人であるゲーテは、生前に幾度もナポレオンに会っていた文化人である。彼はナポレオンについてこんな評を残した。

「ナポレオンの人生は『ヨハネの黙示録』に近いのではないか。ある意味で私は彼からそれ以上の感銘を受ける」

「ナポレオンこそがかつて地上に存在した最も偉大な精神的指導者の一人であり、活気あふれる思想家でもある」

彼の天賦の資質もさることながら、彼が自分を磨くためにどれほど努力を重ねたかをゲーテは見抜いたのである。

ドイツが生んだ世界的な名将にモルトケ（H. Karl von Moltke）が挙げられる。彼は一八五八年に少将に任命されて参謀総長の職に就いた。翌年、中将に進級したが、それまで正常な指揮官過程を経ないで参謀総長まで上り詰めたという稀な経歴の持ち主だった。

それにもかかわらず彼はビスマルクを補佐してドイツ統一の大業を成し遂げた軍人であった。彼は発明されてまもない鉄道に着目し、その重要性を人より先に理解した。早い時期からその研究を進め多くの論文を残したりもした。鉄道は後の軍事作戦に存分に活用され、オーストリア・フランスのような強国をあっというまに屈服させるのに大いに役立った。

彼はナポレオンやフリードリヒのように行軍速度を上げる代わりに鉄道を上手に活用した。即ち、モルトケは新しく敷設された鉄道交通を機動の手段として存分に活用し、必要な時間と場所に戦闘力を一挙に集中させた。

モルトケも純粋な職業軍人であったが、他の偉大な戦略家と同じく教養にも造詣が深かった。モルトケがモーツァルト音楽の愛好者であったことは定評がある。また彼は『二人の友達』(一八二七)という小説を書くかたわら、三十二歳にギボンの英語版『ローマ帝国興亡史』十二巻のうち九巻をドイツ語に翻訳しそこで得られた資金で馬を買った。一八三三年には『ロシアートルコ戦争史』も書いた。

小説を書いたり、歴史を書いたり、音楽を愛する彼だったが、戦争が勃発すると、当時ヨーロッパ最強の国オーストリアをたったの七日で屈服させた。そのうえフランスを相手に戦ったプロイセン-フランス戦争ではフランスの皇帝ナポレオン三世を捕虜にするなど完全な勝利を収めた戦略家でもあった。

彼の例からも分かるように、どんな分野の専門家も全般的教養が生活に少なからぬ影響を与え、その成功に密接な関係を及ぼすのである。

十九世期末のイギリスの政治家であるディズレーリ(Bnejamin Disraeli:一八〇四—一八八一)は政治小説『ディズレーリ全集』を残した。また現代に入ってからはチャーチルとド・ゴールが残した回顧録とその著作物が、二十世紀の文学史上において輝ける傑作として数えられている。チャーチルが彼の回顧録でノーベル賞を受賞したことは周知の事実である。

では、音楽や文学に長けている人は誰でも大事業を成せるかというと、それは違うと思

かできる
う。音楽や文学も大事ではあるが、それより大事なのはそれらを教養とすることができるかである。

つまり教養の意味と機能は、それ自体の意味よりも、それを消化する人格が教養を備えることで可能な内面的精神世界の成熟である。

フランスの社会学者アンドレー・ジーグフリード（André Siegfried）は著書『人文技術研究所要覧』の中で次のように言っている。

教養一般を身につけた人は自分の専門分野に精通するばかりでなく、今自分がどこにいるか、また大きな流れと自分の関係がどこまで進展しているのかがよく分かる。以前はうまく判断できなかった節度と均衡感覚を身につけることができる。そのような人なら技術と教養の相互関係もはっきりわかるようになる。つまり技術といってもそれが単なる技術の次元に止まるのではなく、教養といっても文字通りの教養で終わるのではない。普遍性の中に専門性を位置づける。また専門性の中に普遍性を置く。その調和の中から物事の位置を悟ること、これが教養である。

ジーグフリードが指摘したように「事物の仕組みを理解する」成熟からその意味を見いださねばならない。

そういうわけで、『人間回復経営論』を書いたバジル（Joseph Basile）は「**教養一般とは、自己と社会が均衡する発展を志向するように、情報・行動・内省という三重の努力によって得られる人間形成である**」と定義した。

彼は教養一般がもたらす情報要素と行動と内省の三つの要素をあわせ持った人間形成に意味を与えたのだ。

チャーチルの下院事務所は防音装置が施され、書架には多くの本が置いてあったという。重要な討論がある日は朝早く一人で事務所に来て、扉を締め切ってプラトンやアイスキュロス（Aischylos）などの本を開いて、この世の美しさや崇高な思想について深く思いめぐらしたという。

この方法はケネディ（John F. Kennedy）も同じで、重大な決断を下さねばならない日の前日は、古代ギリシアの政治家ペリクレス（Periklēs）がギリシアの兵士に行った演説「精神の力と内面の声に幸運あれ――」という有名な演説文を大声で朗読したという。

「私がアメリカと世界の将来にかかわる重要な問題に決定を下したのはホワイト・ハウス

ではなくキャンプ・デイビッドだった」とニクソンは言っている。

なぜチャーチルがソクラテスを読み、ケネディがペリクレスを朗読し、ニクソンが別荘に向かったのか。そうしなければならなかったからである。そのようなやり方を通じてこそ、的確な判断や決定を導くことができたからであろう。

話は変わるが、この宇宙に存在する様式で最も重要な原理があるとすれば、「宇宙は一つ」ということではないだろうか。時間があり、また空間があるから、その中に万物が存在する。宇宙の全ては終局的に一つに帰結される、互いに緊密な関係にあるのではないのか。

アインシュタインは相対性理論で「重力場と空間構造は同一」とした。分かりやすく言えば、時間や空間、その中に存在する物質は互いに分離できない相互依存的関係にあるという。それを例えるなら、「私がここにいる。私はこの部屋にいる。私は木の下にいる」と言ったとき、自分のいる部屋やそばにある木と関係なく存在するのではない。また時間的に昨日の私と今日の私が違うと言っても、昨日の私が存在したから今日の私が存在することができる。また明日の私が存在することができる。昨日と明日は切り離すことのできない連続した時間の中に、また空間の中に私はその一部として存在するということである。

木と太陽と私が別々に存在するように見えるが、皆それぞれが占める空間と深くかかわりを持ちながらそこにいる。別の次元へと流れていくように見える時間も、空間とその中に存在する物体と私が深い関わりを持ちながら流れていく。このように木と太陽と星さえも「私」という存在とは無関係ではいられない。

時間も私とは無関係ではないとすれば、二千年昔の出来事も私と無関係でいられるか。イエスやプラトンも私と無関係であるはずがない。

かつて仏教ではこれを「全一性」と呼んだが、宇宙万物、森羅万象はバラバラではなく、互いに深く依存し合っている。また過去と今は全体として一つを成しているという意味である。

最近、陽子物理学の発達のおかげでこれまでは見ることも感じることもできなかった微視の世界が身近になり、全一性もさらに納得しやすくなった。

ハイゼンベルク（W. Heisenberg）やステップ（H. P. Stapp）は素粒子の世界について次のように説明している。

「ある素粒子は独立的に存在する実体ではない。それは本質的に外部の対象とやり取りする一連の関係である」

言い換えれば、私と隣の木の場合、私を構成する素粒子と木を構成する素粒子は見えないが、素粒子同士は「やり取りする一連の関係」を結んでいるということである。

さらに驚くべき発見は、私たちの心や精神は物質世界と関係がないものと言われてきたが、最近になって、それが間違っているということがわかった。言い方を変えれば、私たちの考えや意志が物質世界にも影響を与えることができるということだ。これも微視物理学の原子世界から発見されたもので、物質を構成する究極の微粒子は一束（波動）のエネルギーを持っているが、エネルギーの束は観察者や実験者の心理的・精神的エネルギーと微妙な相関関係にあるという。

観察者がどう考えるかによって精神的エネルギーが物質系の原子核エネルギーに影響を与えることができるという。

本当ならすごいことだ。これまで人類が誇る科学を駆使しつつ深い宇宙の秘密に気づかなかったに過ぎないのであり、宇宙が誕生して以来、森羅万象がそこに現れていた。人間が宇宙に出る以前にも以後にも、森羅万象は時間と空間を超越して互いに深い関係の中に存在してきたのだ。

チャーチルがプラトンを読み、ケネディがペリクレスを朗読したのも訳があったのである。真心で物事に臨めば、何千年かけて積み上げた人類の知恵に近づくこともできる。教養を高めることは人間内面の成熟のためにも必ず必要である。

かつて孔子は「詩によって奮い立ち、礼によって安定し、音楽によって完成する」と言ったではないか。

指導者になるにつれ、責任と任務が大きくなる。それに反比例して体力が落ちるのがつねである。地位が上がり責任が重くなることは、その分歳月が経つことを意味する。

「健康維持は人間の義務であり、生理的な道徳であることを君は知らないのか」

イギリスの哲学者スペンサー（Herbert Spencer）の言葉である。健康は精神的な道徳と同様、人間の守るべき道理であるということ、ましてや人の上に立つ者には言うまでもない。

健康は希望ではなく責任である。指導者は「健康でありたい」ではなく、「健康でなければならない」のである。責任を持ち、時には他人の命さえも預からなければならないのに、自分の体にすら責任が持てない人が立派な指導者になれるのか。

「体に気をつけ健康を図ることは徳を積むのと同じである」

知行合一を主張した王陽明の言葉である。適切な忠告であると思う。真理には東西がないことに気づく。

健康を守るためにどうするのが望ましいかについて考えることにする。

アメリカの軍人のマッカーサーは生涯一度も病気にかかったことのない人である。運動と言っても体操と歩くことだけであった。特に毎日五、六キロの歩行運動は必ず守った。執務室、自宅、応接間、飛行機の機内など、ひいては敵機の攻撃が降り注ぐ軍艦の中でも必ず毎日歩いた。ある人から健康の秘訣を聞かれたことがある。彼は「お酒少し、食事八分、昼寝少し」と答えたという。

最近は科学と医術の発達で多くの健康法が紹介されている。それを情報として頭に取り入れることはしても、なかなか実行しないことが問題だ。健康法は本人に実行する意思があるかが問題である。十六世紀ルネサンス時代の天才レオナルド・ダヴィンチ（Leonardo da Vinchi）は健康法について触れている。「よく噛んで、少し食べて、薬を飲まない」であった。

「猿が冠をかぶったから威信が増すのか。同じく人間が上座ばかり欲しがっても指導者になれるわけがない。小さい袋には大きいものを入れることができない。短い綱では深い井戸の水は汲めない」

荘子の言葉である。

人の上に立とうとする者は心を磨いて常に健康を守り、自信感に満ち溢れ「まことに一日を新しく、日々新しく」することができた時、人の先を行くべきである。それは我に打ち勝って我を犠牲にする時に成就できることである。

「自分の肉体も治めることができない人に、どうして天下を治めることができるというのか」(『荘子』)

第三章　垂　範

一　明るい世の中

テレビの番組で人気があるのは、時代劇と動物の世界を扱ったドキュメント番組であろう。特に世にあまり知られていない未知の動物の世界を扱った番組は、老若男女を問わず好まれる番組である。

なぜだろうか。その番組を通して人々は未知に対する好奇心という深い内面の渇きが満たされるからであろう。

その渇きとは何か。弱いものが虐げられ、また食べられる弱肉強食の論理、暴力、残忍か、そうかもしれない。私たちが遠い祖先から受けついだ本性の中にはそれらの要素も含まれているからだ。だが、それが全部ではないはずだ。動物の世界を扱った番組が単に動物たちの食うか食われるかの暴力を映すに過ぎないのであるなら、たちまち違和感を覚えていやになるに違いない。ジャングルで繰り広げられる残酷さを見せるために、制作会社が奥地まで出向いて何年もかけて撮り続けるはずもなければ、その分野の専門家や制作者も大変な仕事を根気強く長く続けるはずもない。

私たちがそれを見るとき、暴力や力の論理の下で働く偉大な原理、つまり「秩序」という大宇宙の大きな原理に、私たちの潜在意識が共鳴するのである。私たち人類はその自然という世界から飛び出して勝手気ままに暮らすうちに、自然の秩序を壊してしまったが、いつかは大きな調和の中で合一することができるという希望を持っているに違いない。これまでは人間だけの法律で何とかしようと試したが、それがなかなかうまくいかないものだから、やり方を変えて深奥な調和の中へ入りたいという、私たちの気づかない内面の深いところでの憧れがあるのである。

動物の世界はそこに棲むものの間に一歩の引きも許されない力の論理が支配する世界である。これは昆虫の世界においても同様である。私たち人間も文明に目覚める以前には、同じ法則に従って暮らしを引きつぎながら進化を遂げて今に至ったのであろう。

力の強いものが弱いものを支配し、それを食べて生きる世界が動物の世界である。これを「ジャングルの法則」と呼ぶ。人間が住む文明世界と区別するためである。その言葉には「我は動物ではない」という自負心と、人間はそのような法則とは違う道徳と法をもっているという優越感が作用する。

それなら、法が支配する人間世界と、ジャングルの法則が支配する動物の世界のうち、どちらがより明るい世界であるのか。

動物の世界だけがジャングルの法則に支配されるのかどうかはよくわからないが、その世界にも厳然たる調和が存在する。やっても許されることと許されないことという掟のようなものがはっきり存在するという。やってはいけないことは絶対に起こらないのが動物の世界である。

それが秩序である。

人間は時に何気なく裏切り行為を犯すことがあっても、犬は裏切ったりはしない。ライオンがシマウマを食べたり、ヒョウがカモシカを食べるのはジャングルの掟であるが、ライオンが力ずくで草食動物を手当たり次第に殺したとは聞いたことがない。どんな残酷なヒョウでも全ての草食動物の種をたやしたという話も聞いたことがない。

野生の世界に人間世界のような法が存在するかどうかは知らないが、彼らには守るべきことは守り、いけないことは絶対にしないという、それなりの掟があるようだ。

しかし、人間は守るべき規則があることを知りながら、やってはいけないことを平気でやる。戦争という争いで無数の人を殺す。政治という名のもとに善良な人々を抑圧する。また法律の名を借りて人々を弾圧する。

動物は食べるためにのみ殺し、生きるために殺す。人間は腹が減っても殺しをする。怒っても殺しをする。快楽のためにも殺しを行う。

ジャングルでは起こるべきことが起こるが、人間社会ではあり得ないことが数多く存在し、あって然るべきものがなかったりする。ジャングルでは秩序がはっきりしているが、人間社会は秩序が曖昧である。ジャングルでは調和が働いていても、ここ人間社会では調和が壊れていく。

秩序のない社会、調和が壊れた世界は明るい社会と呼ぶにふさわしくない。

なぜ私たち人間は調和を失ってしまったのか。欲望のせいである。神様は私たちに理性という素晴らしい贈り物を下さった。それを欲望というふろしきで包んで下さった。しかし私たちは中身には目もくれず、見た目に奇麗に見える欲望というふろしきばかり欲しがるため、いつになってもこの世には平穏な日々が訪れてこない。

明るい世の中を作るために包みを思い切って開けることだ。中身がはっきり目に見えるようにするのだ。

指導者はその包みを開ける人である。

明るい世界は理性が欲望を抑え、知性が輝きをはなつ世界である。やってもよいことと、やってはいけないことがはっきりし、正義が勝る世界である。秩序が調和を呼び起こし、魂が翼を広げて愛が充満する世界、それが明るい世界である。

では、誰が明るい世界を創っていくのか。

それは大なり小なりのトップであり、指導者である。それゆえ誰もが指導者になれるわけではないのだ。

指導者が先ずやるべきことは何であろうか。

行動である。指導者が行動を起こせば、人々は尊敬して自発的についてくる。大勢の人々が行動すれば世界が明るくなる。先ず指導者が正直になり、愛し、精進することだ。行動するためには志が重要であり、志を立てるためには考え方が重要である。考えを正すためには諭さねばならない。諭すためには正しい見方をしなければならない。

何を正しく見るのか。

難しいことだが、世界を正しく見ることである。そしてそれを宇宙まで広げることだ。先ずは「我」という存在、今ここにいる私は何であろうか。もとを辿れば無であり、空ではないのか。偶然と因縁が絡み合って私がここに存在することになった。または仏教でいう因縁によって私が存在することになったと理解してもかまわない。ここで大事なのはそれが単なる偶然ではなく、あらゆる原因と関係と数えきれないほどの力の相互作用、そしてある能力が私をここに存在させたことだ。

そう考えると、存在すること自体が意味深いことに気づくであろう。言い換えれば、多くの因縁と関係の要素のうち一つでも合わなかったら私はここに存在しえなかったし、それだけでも私という存在は貴い存在なのである。同じくそこにいるあなた、向うにいる彼も因縁の結果であると考えれば、私たち皆の関係もまた貴重な存在ではないか。

それでも私たちは貴重な自己に気づかないでいる。

開かれていない包みのためであろう。固くしばられた包みをほどき、中身を解き放って世の光に当てようではないか。

世の中の変化は目まぐるしく速い。宇宙も一瞬にして変化する。変わらないものはない。変わるだけではない。なかったものが新しく生まれてき、生まれたら必ず消える。それは無ではなく空へと帰ることである。宇宙森羅万象の真の姿は空である。空から姿を現わすことの意味は、何らかの因縁と関係のためにしばし隙間からその存在を見せることに過ぎない。それも遅かれ早かれ本来の姿である空へと帰ることになる。

そしてイエスは、愛をもって貴重な関係を結ぶようにと教えた。釈迦は空虚に頼ることのないよう論じた。孔子はつまらない関係をすばらしいものにするよう道理を尽くすように教えた。

愛は明るい世界を作ることができる。執着から離れることで可能になる。道理を尽くすことでもできる。だが、どれもたやすいことではない。少なくとも指導者は宇宙の本質を直視しなければならない。それが即ち真の指導者である。

そして指導者は人々の先頭に立つ。未だ誰も自覚していない明るい世界に向けて先頭を行くのだ。明るい世界はやっても良いこと、やってはいけないことがはっきりとしていて、いけないことは絶対に起こらない世界である。力ある者がその力を自制することができる世界である。ジャングルの掟が自然を支配するように、正義が支配する世界である。そして愛と道理という貴い関係が花開く世界である。

二　天地自然の理

今私たちが住む地球では一日に百余りの生物の種が消えている。南極と北極の氷は十年で二パーセントずつ薄くなっている。これは公害と地球温暖化の影響である。このような傾向が続けば、二〇二〇年以後にはニューヨークやフロリダ、バングラデシュなど海岸線から六〇キロ以内に位置する低地帯は水没する恐れもあるという。そんな地域に全人類の三分の一が生活を営んでいる。

過去四十年の間、オゾン層は一〇パーセントも破壊された。オーストラリアのクイーンズランド（Queensland）では六十五歳以上の住民の七五パーセントが皮膚癌にかかり、こどもの通学には大きな帽子をかぶるよう法律で決められたほどだ。これからもオゾン層一パーセントの減少に対し紫外線の量は二パーセント増加し、皮膚癌は四パーセントも増えるとの報告もある。

地球の表面の砂漠化はもっと早まる。毎年六〇〇万ヘクタールの広大な面積が砂漠と化していく。サウジアラビアの面積に匹敵する大きさだ。環境破壊は他にもある。三十年ごとにインド大陸に匹敵する一一〇〇万ヘクタールの森林が破壊され失われている。また酸性雨は森を壊すのにとどまらず、その回復を不可能にするほど広大な土壌を荒廃化させている。地球は危機を通り越して徐々に死の段階に差し掛かっているのだ。

老子の言葉に「王が道に従えば、万事危機にひんすることはない」とある。ここで言う「道」は道徳などを言うのではなく、自然の摂理を言うのである。だれよりも最高指導者が天命の理にしたがってこそ、自然と人間の間にある政治と文明がうまく機能する、という意味である。他人の上に立つ人間は天を敬いおそれるべきである。

ところが今日人々は、指導者を含め識者になると畏天はおろか自信にあふれ驕慢ですらある。精神よりは物質を崇拝する。天命を信じるより科学技術を信ずる。甚だしくは人間の能力を過信し、自然の摂理さえも勝手に変えようとする。そして技術さえあれば、世の中をより良くすることができると信じるようになった。人間の知性に対する過剰なまでの信頼、そこから築かれた科学技術に対する確信に満ちている。

しかし先にも書いたように、今の私たちは、子々孫々生を受け継いでいかなければならないたった一つの地球さえもまともに保存できないでいるのが実情である。保存はおろか人類の生存そのものが危うくなる深刻な状態に陥っている。どうしてここまで追い込まれたのか。その原因は人間が自然の摂理に背いて天道を無視したせいとしか考えようがない。

だとしたらそれはいつ始まったのか。

一言で言うと、信仰心を捨てたときからである。あるいは信仰はあってもそれが形式と教理に縛られてしまい、真の信仰を捨ててしまったときからである。真の信仰は天を畏れることであっても、教理を信仰することだとは言い難い。ありとあらゆる生命を育み宇宙を主宰する天、絶対者、エホバを信仰することだ。教理というものは自然と宇宙を人間の条件に合わせて説明するものでしかないのである。

コペルニクス（Copernicus）が地動説を唱えて以来、科学が宇宙のなぞを次々と解いてきたら、これまでの教理が根こそぎ倒れてしまい、キリスト教の信仰そのものが否定されることになった。そうなると人々の精神と霊魂に揺らぎが生じるのも当然のこと。信じられなくなった精神と霊魂は理性に、信仰は科学に急速に取って替わられてしまった。

天に対する畏れの心があったとすれば、科学が信仰をないがしろにすることはなかったであろう。本当に天に畏敬の心を持つ人なら信仰と教理を見分けることはできたはずだ。そのころ登場したデカルト（René Descartes）のような天才は「**私たちは自然の支配者であり、所有者である**」と主張した。またニュートンは「**宇宙は数学的に正確に説明できる運動と位置の問題に尽きる。予め計画された神秘なものではない**」と言った。ここに至っては宇宙というものは数学的に演繹できる巨大な機械に成り下がった。ここで十八世紀以降、今日まで世界を支配する機械論的世界観が確立された。

機械論的世界観とは要約すれば、①宇宙は物質と精神に分けられる（デカルトの二元論）。②宇宙は巨大な機械であり、自然はあくまでも人間による開発の対象であり（フランシス・ベーコン Francis Bacon）、③自然を開発し物質的な幸福を享受するほど、世界はもっと秩序ある方向に整理整頓される（ジョン・ロック John Locke）。④物質的な豊饒を増やすのが発展である（アダム・スミス Adam Smith）。⑤科学技術はこれら全てのためには欠かすことのできない手段（近代産業主義）である。

つまり、機械論的な世界観というのは科学技術の世界観であり、物質主義・物質主体の価値観であり、発展志向的世界観と言うに尽きる。

機械論的世界観は間違った資本主義と手を結び、底無しの物質中心主義の罠にはまっていく。物質中心主義・発展主義価値観は生態系を壊し、人類の生存権をも脅かしうる。幸いに今は世論も指導者も彼我を問わず、環境問題に関心を見せ始めた。しかし残念ながら、彼らは問題の根本には触れずに、科学と技術に頼って問題の解決に取り掛かろうとする。

トインビー（Arnold J. Toynbee）は技術の発展が人類の生活に及ぼす影響を憂慮して言った。

前期旧石器時代にも、道徳基準と技術上の成果の間には大きなギャップがあったと考えられます。それ以後、ギャップはどんどん大きく拡大していったことは確かです。過去三万年の間、この「道徳のギャップ」は私たちに苦痛を与えるほどはっきりしてきました。そのうえ、ここ二百年間のギャップは恐ろしいほど拡大し続けています。今日、もっとも新しい技術の加速化と躍進の助けを受け、新しく形成される人工的環境は人間精神の復興のための決定的な障害になりつつあります。

博士はまた「新技術による私たちの人工的な環境は、人間の社会的関係を非人格化する。非人格化は反道徳的にならざるをえない」とも警告した。

結局、今日私たちが信奉する科学技術は、私たちの周りの犯罪の増加、薬物の乱用、公害の拡散など、その何一つも解決できていないのが事実である。いわゆる最先端の科学時代に生きる私たちは、前の時代を生きた人々より精神的には孤独でさまよっている。

エントロピー（Entropy）の法則がある。これは熱力学第二法則とも呼ばれるもので、世の中のあらゆる物質は時間の流れとともにエントロピーが増え、それを再び使うことのできない状態へ変わっていくという法則である。科学が明らかにした最も完璧な法則の一つでもある。つまり現代科学が保証する天地自然の法則である。

『エントロピー』を書いたリフキンはこう言う。

「時間が無くなっていく」というのは何を意味するのか。答えは簡単である。物事が順に起きるから、私たちは時間の経過を経験する。世の中のどこかで何かが起こるたびに世の中のエネルギーは消費される。そして総体的なエントロピーは増加する。世界から時間が無くなっていくということは世界から使えるエネルギーが減っていくということである。

驚いたことに、古代ギリシアのプラトンやアリストテレス、それに多くの哲学者も歴史は持続的な崩壊の過程であると認識した。ローマの詩人ホラティウス（Horatius：ＢＣ六五

—BC八）は「時間が世の価値を消滅させる」と言った。ギリシア神話によれば歴史は四段階の過程に展開される。それぞれの段階は常に前の段階より悪化していくと把握していたのだ[6]。

私たちは先の論理から機械論的世界観は天地自然の理の法則にそぐわないことに気づく。それは言うまでもなくエントロピー法則に違反するからである。リフキンの言葉をもう少し聞くことにしよう。

「時間は事を成し遂げる有用なエネルギーが存在する場合のみに存在する。消費された時間の量は使ってしまったエネルギー量を指す。宇宙においては有用なエネルギーが枯渇するほど事件の起こる数は減っていく。それは実際の時間がどんどん無くなることである。そして熱終末[7]が最後の平衡状態に到達すれば、何も起こらなくなるであろう。即ちその時は最後の平和状態になり、それ以上何も起こらないから私たちが経験する時間はもう存在しないであろう」

ここで私たちが気にかける問題として「歴史は予定されたものなのか」、「人間の自由意志は歴史の展開とはどのような関係にあるのか」などの自然な疑問に行きつく。リフキンを通じてその輪郭に触れることができた。続けてリフキンの言葉を聞くことにする。

「私たちは時間やエントロピーの過程を逆転させることはできない。これはもはや決められている私たちの限界である。だが、エントロピーの進行速度は私たちの自由意志で調節することができる。人間がこの世界で行うすべての行動によってエントロピーの進行速度を速めたり緩めたりすることができる。私たちがどのように生活し行動するか、その選択方法によって有用なエネルギーがどれほど早く分散されるかが決まる。科学が形而上学と倫理学と出合うのはここである」

リフキンは「人間の行為によってエントロピーの進行過程の速度を速めたり緩めたりすることができる」と言った。つまり博士の言う通りそれが可能であるとすれば人間を正しく導くのはだれであろう。それは言うまでもなくリーダーである。それはリーダーの責務である。

つまり「天地自然の理」に従うためには、「輔天を志向し、時中[8]を通じた天地の和育に人間が参加する」ことで、より大きな利益が得られるという『周易』の言葉にトップは注目する必要がある。

「一人天地と共に往来し万物に対しては傲慢にならず」

荘子の言葉である。東洋の知恵には「自然を開発の対象にしては、拷問台に縛る」、あるいは魂のない「機械」のように扱う態度は初めからなかった。

「耕す時を失わなければ食べきれないほど豊富に収めることができる。目の大きい網で漁をすれば食べきれないほどの漁ができる。斧で適当に木を採れば材木も余るほどになる。余ったものを以て他人を奉養する。もしくは死者を葬るのにも使う。これが王道の始まりである」

孟子の言葉である。

人間は自然を利用するが、自然の根本的生命力を傷つけず自然の恵みを理解してそれと同和するのが私たち東洋の知恵であり長い伝統でもある。孟子はそれが「王道の始まり」であると説いた。誠に偉大な発言である。

歴史とはなにか。歴史は人間の心善（孟子）と情悪（荀子）が作った縁の結果生まれた縁起の産物であり、弁証であると理解する。

また、歴史は大きくみて、神の御言葉（精神、愛）と空が姿を表した物質との縁起・弁証の展開過程であると言うことができる。

トインビーは歴史の展開過程は、「宇宙には神の法則と自然の法則が存在する。二つの法則が車の両輪のように互いを補完しながら展開していく過程」であると言った。

そうだとすれば歴史展開の終末は何であろうか。歴史とは縁起の産物であると考える筆者は、今の時代は唯物論者が言う、前時代の法則的展開であるとは捉えない。または予め決定された目的地へ到達するという必然的な終末論にも同調しない。

終末があるとすれば「空」へ戻ることで、それは新たに縁起と法則によって再び姿を現わすことで再び歴史は始まる。そこには始まりも終りもなく永遠の輪廻のみが存在する。『易』でいう恒久不已であり、終則有始である。

しかし人間の精神のみが神の御心の完成へ向かって、あらゆる苦難と試練を乗り越え、一歩一歩進むのであろう。

宇宙の法則を悟れば、他人の上に立つ指導者が一刻たりとも自分に対していい加減になることはできない。

『繫辞伝、下』にこう書いてある。

「常に警戒し畏れて怠らないのは身に累を及ぼさないためである」

これぞ宇宙であり、歴史であり、人間の生の道でもある。つまり「天地自然の理」である。

敢えて指導者たる者に訊くが、あなたはたった一度でもよいから「累を及ぼさないために察して畏れた」ことがあるのか。一度でも「天地自然の理」とは何かについて、自らに問いかけたことがあるのか。

（6）ヘシオドス（**Hesiodos**）によれば、歴史は①黄金時代、②銀の時代、③銅の時代、④鉄の時代の四段階を経て後退するという。

（7）熱終末（**heat death**）は限られたエネルギーを全て使いきってエネルギーが無くなる状態、つまりエネルギーの流れが停止した状態でもある。

（8）『周易』は何事においても「時」を重要視する。そのことから易学の核心は時中にあると考える。『易学伝義大全』の「止めるべき時に止める。行うべき時は行う。行うまたは止めるから光明であ

る」、「時に及ぶ」、「時を待って行う」などは時宜を得たことであり、これを時中と言う。（『周易の理解』ソウル、西光社）

三　先頭に立つ

「人間の幸福とは静かな生活の中で、足るを知る時に味わえるものである。しかし権力を持つ者に幸福であってはならない」

ド・ゴールの言葉である。

「フランスの栄光を取り戻すために、人間としての自らの幸福までも犠牲にした人がド・ゴールである」とニクソンが言っていた。

フランスがヒトラーに蹂躙された時、彼は単身イギリスへ亡命して祖国フランスをナチズムから解放するために力を注いだ。戦後、世界が植民地解放問題を巡って政治的な危機に陥ると、ド・ゴールは進んでアルジェリアの独立を承認した。そして祖国フランスが政治的に安定を取り戻した時点で自らの決断で最高権力の座から退いた。

フランスがヒトラーに侵略された時、他の政治家や先輩将軍らがそうしたように彼もヒトラーに降伏していたら、亡命地のイギリスで受けた冷たい視線や国を失った亡命者が受ける屈辱からは免れたであろう。

それなのにフランスがドイツに占領されると、「私はフランスの苦しみを背負う」と宣言して祖国を後にして亡命の道を選んだ。そしてジャンヌ・ダルク（Jeanne d'Arc：一四一二―一四三一）も崇《あが》めていた「ロレーヌの十字架[9]」を掲げてイギリスに亡命した。

百年戦争の末期にフランスを救った後、イギリスで処刑されたジャンヌ・ダルクと同じ運命を歩みたかったのかもしれない。

「フランスの指導者が失敗して祖国が危機に瀕したら、永遠のフランスの魂は新しい指導者を誕生させた。シャルルマーニュ（Charlemagne）がそうだったし、ジャンヌ・ダルクがそうだったし、ナポレオンも同じ道を歩んだ。今度は我が指導者の失敗が私を誕生させた」と、ド・ゴールがアメリカの大西洋艦隊司令官に言ったことがある。彼は偉大なフランスを再現するために生まれた人物であると信じていた。だが、チャーチルやルーズベルトの目には、一介の亡命軍人の心の奥にそんな信念が潜んでいるとは想像もしなかったに違いない。

あるときチャーチルが些細なことでド・ゴールに譲歩を迫った。ド・ゴールは「閣下、あなたはジャンヌ・ダルクを友軍にしているのに、また彼女を火刑に処そうとするのですか」と抗議した。

そんなかたくなな態度のために彼は、ルーズベルトやチャーチルから陰口を叩かれることも多かった。「ド・ゴールがジャンヌ・ダルクのように振る舞うのは我慢できるが、我が教会の司教たちが彼を火刑に処さないのは問題である」とチャーチルは皮肉った。

戦後、ド・ゴールは軍部の絶大な信頼を取り付けていたから、アルジェリアの独立を後回しにして、彼の在任中は植民地統治を続けることができた。しかし未来を見通すことのできた彼は、軍部の反対を受け多くの友を失いながらもアルジェリアの独立を承認した。

彼がアルジェリア独立を決断したことで、フランスからどれほど失望され友人からも反感を買ったかが分かる事例があった。彼の死後士官学校の同期九十人の中の僅かな生存者でさえ彼の葬式への参加をためらったという。

ド・ゴールの例から指導者像が読み取れるように、指導者は第一、先頭に立つことである。先頭に立つには自己犠牲を伴うことを意味する。これをためらう人は指導者になる資格がない。ためらうなら初めから人の前に出るべきではない。

猿の群れの集団が大きな危険にさらされれば、リーダーは群れを安全なところまで避難させておいて、自分だけで危険に立ち向かうという。数年前に東京の動物園で猿群れのリーダーが二十四発もの散弾銃を全身に浴びせられて死ぬ事故があった。不思議なことに群れの中の一匹もかすり傷ひとつ負わずに済んだという。先に群れを安全な場所に避難させておいてリーダー単独で危険に立ち向かって散弾銃の洗礼を受けて死んでいったのだ。

フランスの人類学者レビ・ストロース（Claude Lévi-Strauss）はブラジルの奥地アマゾン流域の未開地に住むナンビグラワ族と長い間一緒に生活した後、その経験を『悲しい熱帯』という本にまとめた。

部族の族長経験者に「族長の特権は何ですか」と聞いたことがある。問いに対する答えは次のように記録されている。

一五六〇年頃、モンテーニュは航海士が連れてきたブラジル出身のインディオに会い、「あなたの部族で族長の特権はどんなものかね」と尋ねた。返ってきた答えは「戦闘に臨む際、先頭に立って前進する役割」だった。大きくうなずいたモンテーニュが自分の随想録に書いたのを私は読んだことがある。ところが四百年も経った今でもその部族の族長から同じ答えを聞いた。これは感動そのものである。今日どの文明国の政治指導者にもこれほど確固たる信念を正確に述べる人はいない。

動物から未開地の部族に至るまで、危険に遭遇すれば指導者が先頭に立って犠牲を被る。またそれを快く受け入れることは、リーダーシップの核心がどこにあるかを雄弁に物語っているのではないか。

孔子思想で最も重要な概念の一つは「恕」であろう。

子貢が先生に尋ねた。

「生涯つらぬき通す信条を一言で表すとどうなりましょうか」

先生は「まあ、恕（思いやり）だね。自分の望まないことは人に仕向けないことだ」

と言った。

人が願わないことに何があるか。財産を失うこと、健康を失うこと、名誉を失うこと、希望を失うこと、命を失うことなどであろう。孔子はこのように皆が願わないことを他人にしてはならないと言った。これは孔子の一貫した信念である。それを「恕」と言った。考えてみれば非常に深い意味を含んでいる言葉である。儒教の重要な教えである仁義礼智の全てがこの言葉の中に入っていると言える。

ところが指導者の役割として目的達成の過程で皆がやりたがらないことをやらせなくて

はならないことも多くあるはずである。自分はやりたくなくても誰かが必ずやらなければならないことがある。孔子は、自分がいやなことは人にもやらせてはならないと言っている。それが人生の最も重要な道理であると言った。この場合、残された道は自分で直接行なうより他に道はない。

時に指導者は人の大事な命までも預かることがある。世に一つしかない命をつまらないことのために喜んで差し出す人などいないはずだ。だから指導者は場合によっては自分の命さえも惜しまず差し出す覚悟がなければならない。

指導者が持つべき大事な徳目は、いかなる状況でも先頭に立つことである。すなわちこれこそがリーダーシップの第一課である。それゆえ英語ではそれをやる人を「leader」と言い、その行ないを「leadership」と言うではないか。

歴史はナポレオンについて不世出の戦略家、または最も偉大な軍人として描いている。その偉大さについては、天賦の資質や優れた知略等を挙げる向きがあるが、実のところ、ナポレオンの偉大さは彼自身が常に先頭に立ったことに由来する。

一八〇九年、ウィーン近郊のワグラム（Wagram）でフランス軍とオーストリア軍が川を挟んで対峙し、どちらも先制攻撃を仕掛けることはなかった。川を渡るためには一本しかない橋を利用する以外に方法はなかった。緊張の中、突然フランス軍の一角から突撃命令が発せられると同時に、馬上の勇者がオーストリア軍に向って走りだした。馬上の勇者は誰の目にも皇帝ナポレオンであることが分かった。危ない橋に向かって疾走する我が大将の危機を陣地に伏せて知らないふりする兵士がどこにいようか。フランス軍兵士はなだれ込むように一斉にオーストリア軍の陣地に襲いかかった。この場面がナポレオン戦史でも有名なワグラム戦闘の様子である。

一方、歴史上ナポレオンにひけをとらないほどに部下たちを熱狂させた人物はアレクサンダー大王であろう。かつて東西を統合して大帝国建設に夢を燃やし、やがてヘレニズム文化を築き上げた偉大な王である。

弱冠二十歳にして王位に就いた彼が、若くしてそれほどの偉業を成し遂げた理由について後の歴史家はこう言っている。

第一に、歴史上最高の知性であるアリストテレスを師に迎え入れたこと。

第二に、父であるフィリポス王が残してくれた、よく訓練された軍隊を受け継いだこと。

第三に、戦いに臨んでは常に騎兵隊の先頭に立って突撃を敢行したこと。

などである。

忠武公・李舜臣（イ・スンシン）も偉大な軍人であり、指導者であることは間違いない。『李舜臣と秀吉』という本を書いた片野次雄という日本の作家も、李舜臣について「世界一の海将」という賛辞を惜しまなかった。忠武公の行跡を読むたびに思うのだが、もし彼が違う時代に世に出ていたら世界史に残る人物になっていたに違いないと残念でならない。戦いには勝敗はつきものだが、忠武公の場合はどんなに不利な海戦でも必ず勝利に導いていたから実に驚くべきことである。

彼の全勝の秘訣はどこにあるのか。『乱中日記』にも忠武公の伝記などのどこにも、はっきり明示された記録は見つからないが、残された記録をたどれば海での戦闘に臨んでは常に危険な位置から戦艦を指揮したことが読み取れる。艦船に乗って戦う海戦の性格は陸軍における騎兵隊や戦車の戦いとは異なり、陸で騎兵隊の先頭に立つようなことはない。だが、露梁（ノリャン）海戦で敵の直撃弾に当たって戦死する場面から、将軍がどんなに身の危険な状態で戦艦を指揮したかが窺える。

当時、海戦では指揮官が太鼓をならして艦隊を指揮するのが一般的であった。体を隠して太鼓を打つこともできるが、わざと全身をむき出しにして司令塔から全軍を指揮していたということは終始兵士の先頭に立っていた証拠である。

片野は忠武公の最期について次のように描いている。

李舜臣は板屋根のついた古い船の司令塔に立っていた。狭い司令塔にはその日の軍官の宋希立（ソン・ヒリプ）、長男の薈（ホェ）、甥の莞（ワン）が一緒にいた。日本軍の射手は楼上の四人に向けて弓や弾を雨のように浴びせた。その中の一発の弾が将軍のよろいを貫き胸の奥深く突き刺さった。瞬間将軍はぐらりと倒れた。

長男の薈と莞がよってくると、将軍は「戦闘はこれからだ。私の体を楯にするのだ。そして私の死を知らせてはならん」と言った。これが将軍の最後の言葉だった。享年五十四歳であった。

敵弾に当たってから楯となって遮る。

「下の者が上の者をあがめる時、その命令に従うのではなく、その行いに従う」『礼記』の言葉である。

(9)ㄐ型の十字架は「解放の十字架」と呼ばれる。ド・ゴールはこのロレーヌの十字架を自分の象徴にした。また亡命フランス軍の象徴にした。

四　信じる

アレクサンダー大王が自分の大志を実現するために小アジアのペルシアへ向かう遠征途中のことである。陣中で熱病にかかって様態が思わしくなかった。医者たちはいろいろと手を施したが、病状はますます悪くなるばかりであった。三日目には高熱で喘いだ。このとき本国のパルメニオ将軍から一通の密書が届いた。

「医者フィリップを警戒してください。彼はペルシアのダリウス（Darius Ⅲ）王のスパイに違いありません」

手紙を一読した大王は内心驚いた様子だった。すると当のフィリップが薬を持ってその場に現れた。大王は手紙を枕に隠した。

「閣下、私が最後に薬を処方致しました。病が尋常ではないのでやむを得ず劇薬を使わなくてはならないようです。これがまさにその劇薬です。おそらく三日間は気を失うことでしょう。私を信じて召し上がってください」

大王が薬を受け取ると、護衛隊の将クルタスが大王の薬を奪い取ろうとした。

「何をしているんだ。下がれ」

大王は怒鳴りつけて、自分が暗殺されることになるかもしれない薬を一気に飲み干した。周りに立っていた副将たちの顔が青ざめた。すると、大王は枕の下から密書を取り出してフィリップに渡してやった。手紙を一読したフィリップはその場に座り込んでしまった。大王は真っ青な顔をしたフィリップに、「心配しなくてもよい、私は君を信じる」と言ってやった。


なぜ信じるのか。人間関係は信じることから始まる。私があなたを信じ、あなたが私を信じた時、正しい人間関係が成立する。信じてこそついていくこともできる。私から信じるのである。私が彼を信じれば、彼も私を信じる。信じることは何から始まるのか。愛である。私があなたを愛するから信じるのだ。あなたも私を愛するから私を信じるのだ。

つまり指導者は人を愛さなければならない。愛を示す方法はあるのか。行動である。犠牲である。私が前に立つとき、彼は愛を感じることができる。私が犠牲になったとき、彼は愛を信じるようになる。それゆえ指導者は先頭に立たなければならないのである。

かつて孔子は、「主君は礼でもって臣下を操り、臣下は忠でもって主君に仕える」と言ったが、その始まりは愛であり、行動であり、信である。

歴史上、友情や信頼関係を表す最も象徴的な故事に「**管鮑の交わり**」がある。管仲と鮑叔牙、二人の関係を言ったものだが、二人とも斉の桓公（ＢＣ六八五―六四三在位）時代に活躍した人物である。詩聖杜甫も、日に日に軽薄になっていく当時の時代像を二人の友情に例えた『貧交行』の詩の中でこう嘆いた。

手を伸ばせば雲になり手を返せば雨となる
軽薄な世の中がどうして理解できるか
君は覚えてないのか管鮑の貧困な時の友情
今の人はこの道を泥のように捨ててしまうのだ

翻手作雲覆手雨
紛紛軽薄何須数
君不見管鮑貧時交
此道今人棄如土

管仲と鮑叔牙の二人は幼い頃から仲のよい友だった。若い頃二人で一緒に商売を始めた。いつも管仲が分け前の多くを持っていっても鮑叔牙は不満を言わなかった。管仲の暮らし向きが貧乏だったからだ。また管仲が失敗することがあっても、彼を無能だとは思わない良き理解者だった。人間がすることに運の善し悪しはつきものだからだ。管仲が朝廷に出仕してから幾度も罷免されることがあったが、鮑叔牙はそれを管仲の無能のせいだとは思わなかった。戦に出て管仲が逃げ出した時、鮑叔牙は管仲を卑怯者と言わなかった。管仲には年老いた母がいることを知っているからだ。

後に管仲が桓公を助けて大政治家になってからこう言った。

「私を生んだのは母だが、私を理解してくれたのは鮑叔牙だ」

桓公の名は小伯で、彼には糾という腹違いの兄がいた。桓公の父である襄公が公孫氏の反乱に遭い死んだ頃、管仲は糾の側近として、鮑叔牙は小伯の側近として仕えていた。天下を争っていた公孫氏が死んだ後、糾と小伯が天下を取るために戦った。管仲と鮑叔牙も当然敵対勢力の立場から戦いに参加した。その渦中で管仲が小伯を殺害しようと企んだこともあったが、結局小伯が王位を継承することになった。この小伯が春秋五覇として名を知られている斉の桓公である。

小伯が天下取りに成功し、破れた糾は魯に逃げ込んで自殺したが、管仲は捕虜の身になって桓公の前に引きずり出された。桓公は自分を殺そうと企んだ管仲を生かすまいと思った。

　しかし、鮑叔牙の友情が桓公を説得した。

「王様が斉の一国のみを治めることに満足なさるなら高蹊と私だけでも充分でしょう。しかし、天下の覇者になりたいご意思がございますなら管仲を重用しなければなりません」

　鮑叔牙は管仲の人格を信頼し、その能力を高く評価していたからである。度量と識見の広かった桓公は鮑叔牙を信頼していたから管仲の罪を許すとともに大夫に任命して国の政治を任せた。

　このようなことが可能だったのも彼に友を信じる心があったからだ。

　管仲は孔子より百年も前の時代を生きた人であるが、孔子も彼の力量を高く買い大政治家として評価した。今でも多くの人々に語られる彼の有名な言葉がある。

「礼と義と廉と恥は国の四維であり、この四維がなければ国は滅ぶ」

「蔵がいっぱいになれば礼儀を知り、衣食が足れば栄辱を知る」

ともに、『管子』の一節である。

一九四〇年五月十五日の朝、私はベッドの中でフランスの首相レノー（Paul Reynaud）の電話を受けた。受話器から聞こえてくる彼の声は震えていた。「我々は負けました。フランスは滅びました」

フランスの敗北の瞬間についてチャーチルは回顧録にこう記録した。

五月九日、ドイツがフランスに侵攻してからわずか一週間の出来事である。ドイツ軍は南北五〇マイルに及ぶフランスのマジノ線の防御要塞スダン（Sedan）を簡単に突破したのである。フランスが驚いたのはフランス陸軍が信奉してきた要塞防御陣地優先政策がいとも簡単に突破されてしまったからである。

フランス陸軍がそれほど頼りにしていた難攻不落の「マジノ線」が最も重要な地点でドイツ軍の一撃により簡単に突破されてしまった。前面にいた部隊は戦わずそのまま壊滅した。ドイツの「パンツァー」（Panzer）戦車部隊」は無風地帯を疾走するようにパリへと進撃していった。

あとに取り残されたフランス軍は一日で八十万人がドイツ軍の捕虜になるなど、惨憺たる光景が繰り広げられた。それにドイツ軍という強敵を前にしてフランス軍は後方に戦略予備軍すら持っていなかった。五〇〇マイルにも及ぶ前線を守りながら戦略予備軍を持っていなかったことは戦術上信じ難いことである。

状況がこのように深刻になると、フランスに派遣されていた三十万以上のイギリス軍もフランス軍との連絡が途絶えてしまった。取り残された兵隊は本国への撤退を余儀なくされた。イギリス軍はオランダのダンケルク港湾（Dunkerque）へと撤退を開始した。フランス防御のために派遣されたその部隊はイギリス軍の主力部隊だった。この部隊さえフランス陸軍と同じ運命をたどることになれば、ヨーロッパ大陸にはドイツ陸軍に対抗する地上軍はなくなるということである。ポーランドはすでに一年も前にドイツ軍によって蹂躙されており、ベルギーとオランダは開戦初日にドイツ陸軍に突破された状態だった。また北ではノルウェーもヒトラーの勢力範囲内に落ちていた。東のソ連は約束を裏切ってヒトラーと手を組んでポーランドを半分ずつ支配することにした。スターリンもヒトラーと同じく侵略者に成り下がっていた。

もはやイギリスの運命はイギリスだけの問題ではなくなり全ヨーロッパの問題に拡大され、ヨーロッパの運命は予断を許さない一大危機に直面した。ヨーロッパに残されたのはイギリスのみで、主力の陸軍はダンケルクからの撤退を余儀なくされ、全ての武器を捨てて着の身着のままで引き上げてきた。これほどの危急の状況であるにもかかわらず、チャーチルは微塵も動揺を見せず、最後の瞬間までドイツに徹底抗戦する決意を高らかに宣言した。

ルーズベルト閣下、最近発生した事態の重大性については申し上げるまでもないと存じます。フランスでの結果がどうあれ、我がイギリスは最後の瞬間まで戦い続けます。フランスの次はイギリスであることもよく存じております。しかし我々は戦います。もし貴国の援助があるとすれば、それは早いに越したことはないと思います。結果はどうあれ、我々はこの島で最後まで戦います。我々に降伏などあり得ないでしょう。

一九四〇年五月十八日、チャーチルがアメリカ大統領に宛てた手紙の全文である。真に勇気ある言葉で綴られた感動を呼び起こすに充分な文面である。危機を前にしながらどこからこの不屈の精神が湧いてくるのか。

不屈の精神はチャーチルの勇気とイギリス国民の確固たる覚悟から生まれたのであろうが、実のところアメリカの存在とルーズベルトに対する期待と信頼関係に対する確信があったからであろう。これ程の信頼を構築したチャーチルは偉大であり、それを受け入れたルーズベルトも偉大である。

信頼が歴史の針路を変えたよい事例である。

三人成虎という格言がある。文字通り三人で虎を作るという意味だが、実は三人でウソをつけば、虎をも作ることができるという故事から生まれた格言である。


魏の国の恵王（ＢＣ三六九―ＢＣ三一九）が太子を趙の首都邯鄲に人質に送ることになった。恵王は孟子に「王道とはどんなものか」と訊ねるほどまじめな王だった。王が最も信頼する龐葱という人を選抜し太子に伴わせて派遣することにした。趙に向けて出発することになった龐葱は自分が留守をしている間に必ず自分の悪口を言う者が現れることを心配して王にこう言った。

「もし真っ昼間に都の繁華街に虎が現れたとのうわさが届いたら、王様はそれを信用しますか」

「俺は信じない。どうして虎が真っ昼間に都を侵すか」

彼はもう一度聞いた。

「もしそのような報告が二度なされればどうなさいますか」

王はしばらく考え込んでから答えた。

「二人も同じことを告げるなら、一応は信じようとするかもしれない」

「もし三人目も同じ報告をもってきたならどうなさいますか」

「三人も同じことを言うなら、信じてしまうだろう」

「私が憂慮しているのはまさにそれです。趙の国はここから遠いのです。私が長く都を離れますと、私の悪口を言う者は何十人もいるに違いないでしょう。このことをお察しください」

王は大きくうなずいた。

果たして彼が国を離れると姦臣たちは彼の悪口を言い始めた。始めは王も耳を貸さなかったが、幾度となく謀略が重なってくると、王は遠く離れている彼を疑い始めた。しばらくして彼が任務を果たして帰国したが、王は彼を登用しなかった。彼の言う通り、都に虎が現れたのである。


人と人の間に信頼関係を築くことはそうたやすいことではないが、これは人間関係の成否を決定づける分かれ道でもある。ことがうまくいくか、いかないかの鍵になる問題である。第一章で、将軍楽羊を謀略する手紙が箱いっぱいも届いたにもかかわらず、将軍を信頼して三年も耐え、最後に全勝を収めた文侯は、恵王の祖父に当たる。

信頼はことを成就して歴史をも変える。

五　教える

一九四一年十二月七日日曜日八時、平和な真珠湾は突然襲いかかった日本海軍航空隊の攻撃であっと言う間に地獄の修羅場と化した。延べ三百五十機の航空機による一時間あまりの激烈な攻撃で、アメリカの太平洋艦隊は三分の二以上の戦闘力を失った。それはいかにも不意をついた、想像を超えた軍事作戦の一つに数えられる。また、戦史に残る成功的な奇襲作戦でもあった。

この作戦が投げかけた大きな意味は、これまで信じられてきた巨艦巨砲主義の伝統的な海軍戦略に対する信頼が崩れたことだ。第一次世界大戦以来、航空機が戦争に使われ始めてから航空機の重要性は日に日に増してきた。海戦では戦闘艦艇の分厚い鉄板や水も漏らさない防空火網は敵の戦闘機の攻撃から艦隊を守ることができると信じられていた。

その考え方に基づいて艦隊を編制する際に戦艦を中心に置き、航空母艦は補助的な手段として編制するのが一般的だった。ところが日本の艦隊はそれまでの定石を覆して無謀とも見える変形編制をした。つまり世界でも初めて航空母艦を中心とした機動艦隊を編制して太平洋を渡って奇襲攻撃を敢行して世界をあっと驚かせた。

航空母艦六隻を主力に構成された大機動部隊が日本から北太平洋を経て真珠湾に南下するおよそ一万二〇〇〇キロの大航海はそれ自体でも困難極まることだった。直線距離にしてわずか四〇〇〇キロあまりしかない航路を北太平洋を経て迂回したのはアメリカ海軍の捜索から逃れるための戦術だった。

この大機動作戦は紀元前ハンニバル（Hannibal：ＢＣ二四七―ＢＣ一八三）がアフリカ北端からスペインを貫いてピレネー山脈を越え、またフランスやアルプスの山々をも越えてイタリアに進攻した、史上最も難しかったと言われる機動に比肩するほどの作戦であった。

もともと日本海軍の戦略概念では、アメリカを仮想敵国に想定した時、国力のうえから太平洋を渡ってアメリカを直接攻撃する作戦は難しいという認識があった。代わりに浮上した構想として、アメリカの海軍が中部太平洋を渡って来るのを途中で待ち伏せしてマリアナ島西側海域付近で攻撃するといういわゆる守勢概念の作戦であった。

このような作戦概念に基づいて海軍の艦隊が編制されていたから、戦闘艦の性能は火力と速度に重点が置かれた設計で建造されていた。そのため渡洋作戦を実施するには航続力などの面で多くの問題を抱えていた。実際、奇襲作戦が連合艦隊司令長官によって軍令部に提起されたとき、この作戦は実行不可能であると判断されて一度は否決された経緯がある。

渡洋作戦が受け入れられなかった理由は、①攻撃準備から機動部隊の航海、奇襲に至るまでの機密保持が不可能であること。また敵に見つかる恐れがある。②実行するには多くの問題を抱えており、計画どおり実行できない可能性が大きい。特に空母三隻を除く他の戦闘艦は航海中に燃料補給を受けなければならないなど、渡洋作戦に対する訓練及び装備の不足と北太平洋の荒波を克服しながらの燃料補給には大きな問題を伴う。③空襲効果も疑問である。真珠湾は港が狭く水深もわずか一二メートルしかないため艦船に効果的な雷撃が難しい。水平攻撃は命中率一〇パーセント以下と低い。急降下攻撃の場合、爆弾が二五〇キロしかないため戦艦に与える破壊力が弱い。④海軍は油田確保のために南方作戦を優先するべきである。そのため空母を真珠湾攻撃に回すのは難しい、などの理由から、初めは拒否された作戦である。

雷撃とは航空機から魚雷を投下して相手の船を沈没させる攻撃のことで、船を沈ませるための最も効果的な攻撃手段であると言われる。なぜなら投下された魚雷は水中で自らの推進力で進み船腹に当たって爆発する仕掛けになっているから、船舶に致命的な打撃を与えることができるのである。

ところが、①雷撃の攻撃に必要とされる水深の条件は三〇メートル以上であるが、真珠湾は水深が浅く一二メートルしかないため魚雷が進む前に海底にぶつかってしまう。②航空機は可能な限り海面近くまで接近して魚雷を発射するから目標までの距離が一〇〇〇メートルは必要であるが、真珠湾はその距離が五〇〇メートルしかない、などの理由を挙げて軍令部の関係者は猛反対した。

この作戦がどれほどの難問を抱えているかについての端的な例は、作戦実行部隊の第一航空艦隊司令官や参謀長さえも反対したという事実である。つまり真珠湾攻撃は当時日本海軍の能力ではとうてい不可能な作戦であると認識していたのだ。

常識的、論理的に考えればそうかもしれない。

ところが、この作戦の最初の構想者である山本五十六連合艦隊司令長官は全く違う態度で臨んでいた。

彼は最初からこの作戦は決行しなければならず、また必ず成功すると信じた。

彼にとっては信念であり、義務だったのだ。

どうして戦争が彼の信念・義務になり得たのか。

山本は初めからアメリカとの戦争を望んでいたのではない。彼は佐官将校時代にアメリカのハーバード大学で学んだ。大佐時代はワシントンの大使館に武官として勤務したこともある。一九四〇年九月の同窓会の集いで、彼はアメリカでの経験を生かして、アメリカの産業力やアメリカ人の科学的な思考などを論じながら、日本はアメリカの敵になり得ないと発言したことから主戦論者から憎まれたこともある。

したがって、アメリカとの戦争においては何かの劇的なきっかけを作って講和へと導くしか道はないと考えるに至った。日露戦争に参戦した経験のある彼の脳裏に浮かんだのは、バルチック艦隊撃滅後、日・露間で講和が可能になったことであろう。その記憶から開戦とともにアメリカ太平洋艦隊撃滅に打って出たのも当然であろう。

もう一つ彼が憂慮したのは、アメリカ海軍による日本本土への攻撃の可能性だった。開化期のアメリカの黒船来襲以来、日本人が持つ西洋に対する国民的恐怖心を和らげるのが先決と見た彼は、少なくとも講和成立までは外国軍隊による日本本土攻撃の種を予め防いでおくのが連合艦隊司令長官としての義務であると考えた。いわば、予防攻撃だったのだ。

真珠湾攻撃を許可しない軍令部に、彼は「作戦を承認しなければ辞任する」と威嚇までして無理やり作戦に同意を取り付けた。山本は日本軍の伝統や慣習に反する言動も辞さずに自分の意志を貫いた。

あくまでも真珠湾侵攻作戦に反対する参謀長には、会議を終えて帰るのを見送りながらこう説得した。

「私は君の信念を尊重する。しかし真珠湾攻撃は最高司令長官である私の信念だ。今日からは私の信念が実るように力を貸してくれないか。攻撃計画の一切を君に任す」

参謀長は海軍でも指折りの理論家であり、あらゆる物事を徹底的に計算して納得のいくことだけを実行する真面目な人であった。後に
「私の肩を軽くたたく彼の信念に満ちた言葉に、私は不思議に感動した」

と回想している。

彼の論理が信念に圧倒される瞬間であった。

それからは攻撃に参加する人たちは一心同体になって不可能を可能に変える。信念が論理を圧倒し、不可能は訓練で克服したわけである。

「開戦の冒頭、真珠湾に全航空兵力を投入、全滅を覚悟してアメリカ太平洋艦隊を空襲、撃滅する」

一九四一年一月七日、山本が私信として海軍大臣に宛てたもので彼の胸中を明かした手紙の一部である。開戦十一カ月以前のことである。それから生じたいかなる反対や謀略にも最後まで屈せず、初志一貫真珠湾攻撃を信念に推し進めた結果がやっと実を結んだの

だ。

当時「月月火水木金金」という言葉があった。日本海軍が真珠湾攻撃を前にして休まず特訓した時に、土曜日も日曜日もなく訓練に邁進したことを表す新造語である。彼らが受けた訓練がどれほど厳しかったのか、確率一〇パーセントの水平爆撃は四五パーセントに向上し、急降下爆撃は動く目標に対しては五〇パーセント、停止目標に対してはほぼ一〇〇パーセントまで精度が向上した。

ここまで精度が高くなったのはなぜか。

人間には学習効果があるからだ。

人間は同じことを何度も繰り返すうちに対象になれてくる。なれればこなすのが楽になる。それが積み重なると達人になる。部下を鍛える立場の人はこの点にも注目しなければならない。日本の中世の伝説的な侍の宮本武蔵は『五輪書』でこう言っている。

鍛練の「鍛」は千日の習練のことで、「練」は万日の習練を積むことを言う。

日本軍は訓練を重ねた結果、雷撃の場合、水深一二メートルの浅い海でも八三パーセントの魚雷が生きて前へ推進できるようになった。真珠湾攻撃の場合、雷撃された魚雷をどうやって生きたまま目標に命中させるかが最も大事な問題であった。これまでの雷撃条件であった水深三〇メートル、距離一〇〇〇メートルといった難題は練習を重ねることで距離をその半分に縮めることができた。既存の魚雷に若干の改良を加えたうえで、魚雷投下時に飛行高度を二〇メートルまで下げて発射した。一般的な雷撃高度は五〇—一〇〇メートルであったが、海面二〇メートルと言えば、海面すれすれの高さである。兵士たちの苛酷な訓練状況を察することができる。

この訓練のため、連合艦隊は真珠湾と似通った地形の鹿児島湾へと移動した。鹿児島市街地上空を四〇メートルの高度で飛来して仮想攻撃目標五〇〇メートル前方に到達しては高度を二〇メートルに下げて魚雷を投下するといった練習を昼夜を問わず繰り返した。訓練に参加した艦隊の飛行士たちは、自分たちが真珠湾攻撃に参加するとは夢にも思わず、ただ与えられた条件を見事に消化していった。

彼らが百日後に真珠湾に到着した時に気付いたことだが、鹿児島市はアメリカ海軍の工作廠であり、仮想目標はもちろんアメリカ海軍の戦艦だったのだ。信念が常識と論理を圧倒し、それまで不可能とされていたことを厳しい訓練を積み重ねることで克服ができたのである。

モーゼが大勢のユダヤ人同族を連れて紅海の荒波を渡ってカナンの地へ至る大長征も論

理では説明できない。ハンニバルが二千五百年前に象に乗ってアルプスを越えたのも常識ではない。しかし、モーゼやハンニバルのような偉大な指導者は論理と常識を越えたところに存在する。山本の信念も訓練を重ねて不可能を可能にした。彼によれば、人を動かす方法は訓練と称賛しかないという。彼の言葉に**「やって見せる。言ってやらせる。そして褒めなければ人は動かない」**というのがある。

彼の部下は「あの方に仕えるより難しいことはなかった。だが、あの方ほど私を喜ばせた人もいない」と過去をふりかえった。

何を教えるか、どのように教えるかによって人間は生まれ変わるのだ。

『史記』に**「竹の穴から大空を見る（以管窺天）」**という言葉がある。習わなければ知りえない、知らないから視野が狭いという意味であろう。

つまり広い空を見るに、両目をしっかり開けて見ても全部見えるわけではないのに、学んでいなければ竹の穴のように、小さい穴から世の中を把握しようとするようなものだということだ。

大小を問わずまた重要かそうでないかを問わず、ある人間を立派に育て上げるためには、プラトンの言うように水準と能力によって教えて訓練し磨くことが大事だ。ひいては、教育と訓練がなければ人間としての役割を果たすことができないと言っても言い過ぎではない。

かつて孟子は「どんなに聡明でも習わなければ悟れない」と言った。

孟子の意図は――習ったり教えたりすることは知ることのみに止まることに問題がある。それは大脳皮質に一個の情報として蓄えておくことでおしまいだ。知識だけではいけない。識見への昇華過程を経て、それが信念にまで発展する段階まで格上げしなければならない、というのである。知識を信念に昇華するためには身をもって悟ることが必要である。より大きな原理と自分の知識が一致した時初めて悟ったと言える。信念は地位と責任の軽重にかかわらず必要である。

大きく悟り、それを信念にまで上昇させるにはどうすればよいのか。

仏教では摂受門と逆化門があり、悟る方法として用いられている。衆生に教えたり悟らせる方法として、摂受門は穏健な方法で理法に従って漸進的に段階的に教える方法である。もう一つの逆化門は摂受門とは正反対で、穏健よりは過激に、寛容よりは処罰の方法で教える。時には相手を刺激したり怒らせることや興奮した相手に逆に罵りをかけたり侮辱することもある。場合によっては鞭をとり激しく打ったりして悟らせる方法である。

ある点においては大きな悟りのためには穏健にいくよりは逆化門の方が教育的な効果が

大きいことは否定できない。

今日では人間尊重を強調するあまり、出来の悪い無秩序まで許してしまう。それが人間尊重であるかのように間違って認識された世態では、むしろ逆化門の方が効果的かもしれない。一時期流行った企業でのスパルタ式訓練も逆化門のやり方に沿ったものである。

赤壁の大戦に臨むに際し、魏の曹操は百万の大軍を率いて呉へと攻め込んだ。呉の国論は戦うか和平を乞うかの両論に分かれてなかなか収拾がつかなかった。蜀の諸葛孔明は天下大勢をこう判断した。もしここで呉が降参すれば、天下は完全に曹操の手中に落ちてしまい、蜀は二度と天下に向けて立ち上がることは不可能である。かといって、呉や蜀が別々に魏に立ち向かうのはその国力から至難であることも分かっている。万一呉が魏に合併されることを考えると背筋が寒くなった。急ぎ呉を訪れた孔明は先ず魯粛に会った。孔明の胸中を察した魯粛は「もし呉の主君に戦う決意をさせるなら曹操の兵力は実際よりは劣っていると申し上げた方がよいかと思います」と忠告した。ところが孔明は呉の王孫権の前で「曹操の軍勢百万人と言われますが、私の知る限りではそれよりずっと大きな軍勢でしかもよく訓練された兵士ばかりであると思います。大王様はその軍勢に立ち向かって滅亡の道を選ぶより和平を求めた方がよい策略かと存じます」と申し上げた。あまりにも意外な話に孫権は「その通りかもしれない。ならば呉より小さい国の蜀はどうして曹操と戦おうとするのか」と尋ねた。

すると孔明は、「ご存じのように我が主君は漢王朝を復興させたいとの一念で逆賊曹操に懲罰を与えるための戦争をしている故、勝ち負けはあまりこだわっておりません。ただ大義のために戦う決意であります。しかし、お国、呉は、国家の安泰を求めていると聞いているので、和平を求めるように勧めたいのであります」と答えた。

「何を言う。そんなことはない」

大怒した孫権はその場で一戦を決意した。呉・蜀両国は連合して歴史に残る赤壁の大戦で大勝利を収めた。

これが逆化門の方法である。

『論語』にこういう話がある。

「熱情のない者は実りはない。教えを受ける者に、なお理解を求めて苦しみ追求する熱心さがなければ、そのうえこれを啓き教えてもむだだ（不憤不啓）」

習いたい意志があれば、自らが「憤」を覚えなければならない。また教える立場からも相手の「憤」を引き起こさなければならない。「憤」というのは、あることをやりたいという欲望が湧いてくることを意味する。感動しても「憤」が湧く。怒っても「憤」が湧く。嬉しくても「憤」が湧く。人を悟らせるにはそのときどきの状況によって適切に教えて悟らせることである。

六　率先垂範する

なぜ率先垂範するのか。部下に従わせるためである。部下は命令より、それを下す人の行動を見て従うものである。

目上の人が率先すれば、部下たちは強い動機意識を持つようになる。目上の人が率先垂範してみせれば部下たちは信頼するようになる。率先垂範のないリーダーシップは初めから成り立たない。なぜか。率先垂範は先頭に立つという意味であり、先頭に立つことは自己犠牲も伴うことを意味する。犠牲になることは誠実であり、誠実は愛から始まるからである。

率先垂範はまず人を憐れみ、愛する心から始めなければならない。この世で自分自身を最も愛するのは自分である。だから自分自身を愛するように他人の事を思い、他人の立場を考え、自分を愛するほどに率先して人を愛すべきである。言い換えれば、「自分がやりたくないことは人にさせない」ことであり、もう一歩進んで「人がしたがらないことは自分でする」ことである。

これが真の率先垂範である。その過程では苦難と大きな犠牲がついてくる。それ故誰もが指導者になれるわけではないし、また誰もが指導者になってもいけないのである。

率先する人は先ず部下の隠れた能力を呼び起こし発揮させる。上の人が必ずしも上手でなくてもいい、下手でもやってみせる。失敗してもやる。そしてやらせてみることによってその部下は安心して次の課題に意欲的に取り組むことができる。上のものがうまくこなせば部下は習得しやすい。上の者が下手で失敗した場合、部下が同じ課題で失敗しても慰めになるし、うまくできたら誇らしいではないか。

人間は様々で、それぞれが違う能力を持って生まれてくる。誰もが無限の能力を持って生まれてくるのは間違いないであろう。見かけは普通の人だとしても、大きな人格がその人の魂にどんな火を灯すかによって変わってくる。心に火を灯せば普通の人も平凡から抜け出して達人の境地まで行き、神の境地に至るのが人間である。だから人間なのだ。私たちはすでに学習効果の偉大さを体験したではないか。

要するにだれが、どんな人格が、どんな指導者が人間の適性を見つけ出し隠れた能力を開発するかに人間能力のカギがある。

上に立つ者は当然人間を選り分け差別するのではなく、誰しも生まれつきの資質や能力は無限で、ただそれが隠れているだけなのだということを、肝に銘じておかなければならない。初めから「お前は無能な奴」と決めつけるのではなく、隠れた能力を発揮させるように肩をたたいてやる心構えが必要である。

したがって、人間はその能力が問題なのではなく、その心に火を灯す指導者の力量と人格と魂に問題があるのだ。

どのように魂に火を灯すのか。

あくまでも率先垂範である。魂は言葉が通じない対象である。行動を通じて見せてこそ分かる対象でもある。

それ故リーダーシップの核心が愛であるとすれば、その実践は率先垂範である。

「人が嫌がることは私がする」

この姿勢が率先垂範であり、リーダーシップの第一の課題である。

山本も部下を動かす言葉は「やって見せる」であり、「上のものが先にする」であった。

つまり率先垂範である。

ソクラテスは二千年前にこの世に生きた人であった。にもかかわらず、私のような人間が今日のリーダーシップを論ずる際、その名を挙げたくなる偉人として尊ぶのはなぜか。逃げて生き延びることもできたのに、あえて毒を飲んだという事実のせいだろうか。

「私はこれまで国家の法律を守るようにあなたたちに教えてきた。その私が国家の法律を破ることはできない」

彼の最後の言葉である。法を守るように教えたから自分も法を守ったに過ぎない。不幸にもそれが悪法だったことに問題がある。やがて彼は命を失った。誠に残念な率先垂範である。

『孫子』にこんな言葉がある。

「まだ慣れてない兵士を処罰すれば彼は服従しなくなる」

学習効果が現れるまで訓練させるという意味である。それでも足りないなら罰より率先して見本を見せるということである。

山本の二つ目の言葉は「言い聞かせてやらせてみる」である。できないなら何度でもやらせてみる。慣れるためである。そして最後は「罰を与える」のではなく、「褒めてやる」であった。部下に教える、民を治めるのも皆同じ原理であろう。ところが教えることも治めることもそのコツの第一は、簡単明瞭でなければならない。簡単で明瞭であれば率先もしやすいし、下のものもついて行きやすい。

『史記』に「法三章」という言葉がある。漢高祖の劉邦が秦を滅ぼした後、それまでの厳しい法令を全て廃止して、国の法令を三カ条にしたという故事である。これを「法三章」という。劉邦の軍勢が関中に入り秦の都である咸陽を陥落させた時、劉邦は咸陽と周りの諸侯を集めてこう約束した。

「あなたたちは長いあいだ秦の苛酷な法の下で虐げられてきた。ここに私は皆に約束する。法は三章のみにする。人を殺した者は死刑に処する。人にケガを負わせた者には相応の処罰を下す。物を盗んだ者には相応の処罰を下す。その他の秦の法は全て廃止する」

誰もが解放感を味わったに違いない。劉邦が天下を手にしたのにもそれなりの訳があった。

『韓非子』に次のような話がある。

斉の桓公は戦国五覇の一人としてよく知られているが、彼は私生活が派手好きなことでも有名だった。いつのころからか彼は紫色の服を好んで着るようになった。間もなく宮殿は紫色に変わった。皆、王が好む紫色の服を着るようになって布地の値が五倍にも跳ね上がった。びっくりした桓公は宰相の管仲を呼び意見を尋ねた。

「今すぐやるべきことは主君が紫色の服を着ないことです。あとは時間が経てば解決されます」

管仲の進言に従い、王はその日から紫色の服を着なくなった。そして紫色の服をまとって王に謁見する臣下には、「なんとなく君の服の色は気に入らないな」と一言付け加えるのを忘れなかった。

それから三日が経った。都から紫色の服が姿を消した。ここで『韓非子』は「上の者は好き嫌いを他の人に見せてはならない」と戒めた。

前漢初期の李広は匈奴討伐に大いに活躍した将軍である。また彼は兵の扱い方に長けていて、特に弓術は優れ「射石為虎」の故事を残し「漢の飛将軍」とも呼ばれるなど、人々に恐れられた名将軍であった。彼が率いる軍団の行軍や平素の動きなどは規律も無さそうに見え、事務にしても行政帳簿一冊に簡略につけるだけだった。ただし警戒だけは怠らず、四方に警戒する兵士を遠くまで派遣して敵の奇襲に備えた。ひとたび戦いに出ると、全ての兵士が虎のように活躍するものだから李広の軍団に勝てる勢力は全くなかった。

つまり李広軍団の強みと言えば、むだなところに労を費やさなかったことであり、どうしても必要なところ以外で兵を苦しめるようなことはしなかったことだ。

だが、何と言っても軍の真の強みは彼の率先垂範にある。彼は王様から授けられた恩賞を全て部下に分け与えた。食べ物も部下と同じものを食べた。行軍途中に井戸を見つけては部下が飲み終わるまでは井戸の水を口にしなかった。食糧が部下たちにくまなく行き渡るまでは手出ししなかった。彼が死に臨み、国家から四十年の俸禄として米二千石を与えられたが、家には財産らしい物は何一つなかったという。

李広の同僚将軍の程不識という将軍が彼を評してこう言っていた。

「李広の軍団は軍律があまりにも緩いのでとても兵隊とは認めがたい軍団であった。しかし彼の軍団は李広のためなら喜んで死地へ向かうことができる兵士ばかりだった」

ここまで言った彼も兵士の軍律までは考えが及んだが、兵士が何を望み、兵士に何を要求すべきかについては適切に指摘できなかった。そして李広のために命を捨てる兵士がいることを羨ましく思ったに過ぎず、最も大事な李広の凄まじい犠牲と垂範はわからなかった。

司馬遷は彼の『史記』で李広将軍についてこうも誉め言葉を連ねた。

「桃や李は何も言わないがその下に自ずと道ができる（桃李不言、下自成蹊）」

つまり桃やすももなどは花を咲かせ、実を結び、皆に利益を与えるがそれを自慢することはない。しかし皆はその実を求めて集まってくるためその根元には自然に道ができるという意味である。

第四章　先見

一　先を見通す

「勝者の愚行」という言葉がある。チャーチルが回顧録で、第一次世界大戦の戦勝国についてこう表現した。

つまり戦勝国の戦後処理の不手際が第二次世界大戦勃発の引金となったことへの自省と嘆息の声である。

本当に第二次世界大戦は避けられない戦争だったかについては様々な論争がある。チャーチルはこの問いに「NO。無駄な戦争だったし、防ごうとしたらいくらでも防ぐことができて、あれほど未然にたやすく阻止できたであろう戦争もなかった」と断言した。

「戦勝国は先の戦争で自国の国民が体験した試練と苦痛が、分別のない扇動者の手によって増幅されると、敗戦国が負うべき罪の代償をもっと苛酷にすべきだと主張する雰囲気が益々高まった。勝利に酔いしれた指導者は講和会議の席上で、戦場で流した兵士の血の代価として得たものを一万分の一でも失うことがあれば大変なことになると考えるあり様だった――。ドイツは国際法にもない戦争賠償金の支払いを宣告された。このような高圧的な態度は戦勝国の怒りのあらわれに過ぎず、現実的に敗戦国ドイツには賠償金を支払う能力もなく、だれもが納得しがたい決定であった」

チャーチルは当時の戦勝国の雰囲気についてこう言った。戦勝国による非理性的な決定は無残にもドイツを著しい苦境に陥れるに充分で、ドイツ国民の心に大きな虚無感を漂わせることになった。

たとえ戦争には負けたとしても、ゲルマンの情熱的な性格を根っこから傷つける方法は取るべきではなかったのではないか。それによってドイツ国民の心を占めた虚無感は戦争狂ヒトラーによってワイマール憲法を倒すことを許してしまった。ドイツでは狂気ともいえる情熱が国民的虚無感を埋めたのだ。第一次世界大戦で八百五十万人もの戦死者と大勢の民間人を犠牲にしながらも当の指導者は反省することはなかった。

第一次世界大戦でフランス軍の総司令官だったフォシュ（Ferdinand Foch：一八五一―一九二九）将軍はベルサイユ平和条約の調印報告に接して、「これは平和のための条約ではない。二十年間の休戦に過ぎない」と評した。果たして、人類は一つの戦争が終結してからわずか二十年後に、前のそれを凌ぐもっと恐ろしい悲劇と痛ましい試練を経験することになる。

人々は第一次世界大戦が地上から永久に戦争を追放するための戦争だったと認識していた。その通りであれば、わずか二十年後に戦うことになる第二次世界大戦はいったい何だったのか。

筆者がかねてから主張してきたように、世に流行る誤ったリーダーシップの本質と精神が変わらない限り、「次の戦争を準備するための戦争」はあっても、「戦争を追放するための戦争」を地上から永久に追放することはできないのだろう。

一九三八年九月三十日、ミュンヘンから帰って来たイギリス首相チェンバレンは、空港で出迎えた群衆を前にしてポケットから紙きれ一枚を取り出して誇らし気に振って見せた。ミュンヘンでヒトラーと交わした「イギリス・ドイツ相互不可侵条約」が書かれた紙だった。チェンバレン自身が「我が時代の平和の保証書」と呼んだ証書であった。

ダウニング街十番地の首相官邸に到着した彼は、首相官邸のまわりに集まって熱狂する市民に向けて先の紙きれを再び振って見せた。

「皆さん、戦争の悪夢は遠くに消えました。皆さんはこれから枕を高くして安らかに眠ることができます」

集まった群衆に向ってチェンバレンが行った演説である。

これが大英帝国の首相で、しかもヒトラーに直に会って会談した張本人の振る舞いだった。彼がもう戦争はないと言い切っているのに、誰がヨーロッパの未来について不安を抱こうか。全イギリス国民が歓迎し、全ヨーロッパが彼を平和の使徒であるかのように称えたのだ。ミュンヘン協定でヨーロッパで戦争を避けると同時にヒトラーから「英・独不可侵協定条約」の約束まで引き出せた成果に彼自身、驚きながらも満足気であった。

ところが、実際のところミュンヘン協定の意味は無分別な宥和政策の結末がいかに悲劇的であるか、先を見通せない指導者のリーダーシップで人類が被ることになる不幸がいかに大きいかを教えてくれた痛ましい教訓でもあった。

いわゆるミュンヘンの成果であると信じていた問題の協定は、ヒトラーの一方的な恐喝に巻き込まれた屈辱的なもので、協定それ自体がチェコスロバキアをそっくりヒトラーの手に渡すようなものだった。

「チェンバレン首相とダラディエ（Edouard Daladier：一八八四―一九七〇）フランス首相の行動はヨーロッパ近代歴史上例を見ない屈辱外交の標本であり、ファシズムに対する民主主義の全面的な降伏を意味するものである」

これは『第二次世界大戦前夜』を書いた日本の笹本の言葉である。

もっと驚いたことは、ロンドンやパリの言論もこの外交協定を成功した外交として大々的に扱ったことである。あるパリの大衆誌は釣りが好きなチェンバレンの平和のための外交的成功に報いるために「チェンバレンが釣りを楽しめるようにフランスのどこかの土地を彼に贈与したらどうか」などと提案するほどだった。

言論までもこんな有り様だったから刻々と迫ってくる破滅を国民は夢にも想像できなかったはずだ。

一九三九年九月一日の朝、ドイツ軍はポーランド国境を破って潮のごとく攻め込んだ。強力な空軍、戦車部隊は、いわゆる「電撃戦（Blitzkrieg）」という戦法でポーランドを容赦なく蹂躙した。

ドイツのポーランド侵攻で、当然イギリスとフランスが対独宣戦布告をしてもよかったのだが、両国はこれを無視していた。それだけではなかった。ポーランドの哀願ともとれる支援要請を黙殺した。わずか六日前に調印した条約によれば、イギリスとフランスは「即時いかなる手段による援助も遂行」することになっていた。

ポーランドの運命は文字どおり風前の灯だったにもかかわらず、チェンバレンは依然として平和的交渉による解決の希望を捨て切れない優柔不断な態度でいた。

フランスは「戦争動員のための最小限の時間稼ぎでドイツ空軍の攻撃の矢先を避けたい」との理由から、イギリスは「フランスと共同で宣戦布告をする」ためと称して、ポーランドの死を前にしてもためらいを決め込んでいた。

開戦三日目、ポーランドが事実上壊滅した状態に陥ってから、イギリスとフランスはドイツに宣戦布告を行った。九月三日のことだった。それから五年と八カ月の間、殺戮と破壊が全ヨーロッパを襲うとともに、それは全世界へと広がった。破壊は破壊を呼び、殺戮は殺戮を呼ぶなかで人々は野蛮の狂気を増していった。

世界はこのような非文明的な殺戮行為を二度も経験しなければならない特別な事情でもあったのであろうか。ほんとうに第二次世界大戦は避けることのできなかった経験だったのか。

『易経』に「霜を踏み堅い氷に至る」とある。秋になって霜が降《お》り始めれば間もなく堅く凍りつく冬が訪れる。つまり冬は秋を飛び越えて一気に訪れるのではなく、その前に必ず冬の訪れを告げる兆しがある。したがって、秋に入ったら冬を過ごすための準備をしなければならないのだ。

ヒトラーが軍備を拡張する。国論を統制する。チェコを飲み込むなどの前触れが目の前で繰り広げられているにもかかわらず、彼との約束を信じて最後まで宥和政策に固執したのはなぜだろうか。既に戦争が始まって同盟国であるポーランドが死につつあるのに目の前に迫る戦争に我関せずとする指導者はいったい何者なのか。霜どころか吹雪に見舞われているのにもかかわらず、いわゆる指導者たちは手をこまぬくばかりだった。多くの部下を擁する人、責任の重い位に就く人などを、世間では「お上」と呼ぶ。なぜそう呼ぶのか。

高いところから見れば、遠くまでよく見える。遠くまで見通せる人、つまり遠くまでよく見ろという意味である。ところが、高い所から遠くを見るのではなく足元だけ見下ろしていることに問題がある。足元に気を取られるばかりか、他人の上に乗って踏みにじることもある。「お上」は人を苦しめるために人の上に立つのではなく、遠くをよく見通せるように高い位置につかせられているのだ。足下の些細なことは下の者に任せても良い。『春秋左氏伝』に「君子は将来を気遣い（遠慮）、小人物は目先のことに従う」と言っている。『論語』に「遠い未来まで気を配らなければ、必ず近い将来よくない事がおこる」と書いてある。霜が降りたにもかかわらずチェンバレンは「遠慮」に背いた。だから「必有近憂」、つまり大きな戦争に発展した。戦禍がチェンバレン個人に降り注いだのではなく、世界が未曾有の惨禍を被るに至ったのである。

なぜチェンバレンの話ばかりかというと、彼は当時としては世界で最も偉い「お上」だったからだ。分かりやすく言うと、今日のアメリカ大統領のような存在が当時イギリス首相だった。

一九三〇年代、アメリカは国力では世界一だったが、国際政治の舞台においては貫禄と伝統のイギリスが主導権を行使し、世界政治の中心はあくまでもヨーロッパであったから、アメリカの介入の余地はなかった。もう一つ、アメリカの立場は伝統的にモンロー主義を採択していて、ジュネーブに本部があった国際連盟（League of Nations）の加盟国ではなかったことから世界政治はイギリスが主導する立場にいた。

高い地位を占める人が遠くを見通すことができなくなったら、即時その地位から離れなければならない。そうしなければ自分の身を滅ぼし、多くの人間も被害を被る。そのせいで世の中まで乱れてしまうのだ。

「遠くを見通し、人より先を見る。そして人々をどこへ導いて行くかを知る。それが偉大な指導者のつとめである。指導者という言葉そのものが現在を越えて未知の世界へと人々を率いて行くガイドの役割を意味する」

ニクソンの言葉である。

世界の指導者として遠くを見通した人にド・ゴールを挙げなくてはいけない。

彼は大統領在任中、ニクソンに「私は今日の政治ではなく明日の新聞表題になる政治を目指します」と言ったほど明日の問題を深く考えた人である。彼は世界的な人物に成長する以前から同時代を生きた人達よりもはるか遠くを見通すことができた人物であった。

一九三四年、中佐だった時に彼は『機械化軍の将来（Là venir des forces mécanisées）』という本を出版した。彼はその中で近代戦の新しい理論を展開していた。「私たちの運命は機械が決定する」と主張しながら、機械は私たちの生活のすべての分野に変革をもたらし、時に戦争においても例外なく大きな変革をもたらす、と言って未来の戦争形態を予言した。そして国家の将来のためには陸軍を大幅に改編しなければならないが、その方法の一つとして十万人規模の機械化部隊六個師団を編制すべきだと主張した。過去における戦争は兵力の規模と火力の量に重点が置かれたが、未来の戦争においては機動力と突進力が勝敗を分けると予言した。

当時のド・ゴールの考えは人々の注目を集めることはなかった。むしろ罵倒される始末だった。第一次世界大戦の英雄であるペタン元帥（Henri Philippe Pétain：一八五六—一九五一）は、ド・ゴールの主張を一種の警句として受け取り、軽く扱った。またマキシム・ウェーガン将軍のように「危険な思想」と片付けてしまう向きもあった。

第二次世界大戦が勃発する五年前、フランスのジャーナリストのフィリップ・バールがドイツを訪問したことがある。彼のドイツ訪問中にドイツ陸軍司令官アドルフ・ヒュンゲリン将軍をインタビューした時のことである。将軍は「貴国の機動戦の権威者は将来の機動作戦についてどんな考えを持っているのか」と聞いてきた。記者は返事に窮した。記者はド・ゴール中佐を知らなかったからだ。返事に困る記者に「貴国にはド・ゴールという機動作戦の奇才がいるではないか」と、むしろド・ゴールの存在を教えてくれた。当時のドイツ陸軍はド・ゴールが書いた『機械化軍の将来』を二百部も購入して熱心に研究していた。フランス国内ではわずか百部しか売れなかった本である。

もともと戦車というのは歩兵を支援する補助的な兵器に位置づけられ、その編制や運用も歩兵を主力にしてきたのが世界的な通例であった。しかしドイツ陸軍は戦車を歩兵に代わる主な打撃手段に位置づけて機甲兵団を編制した。ド・ゴールが著書で主張した理論に忠実に従ったわけだ。

ドイツ軍は機械化師団を使った電撃戦を駆使してヨーロッパをあっと言う間に席捲した。電撃戦というのは戦車を中心に編制された機械化兵団が攻撃の主体を担い、急降下爆撃機と落下傘部隊との緊密な協調支援の下で行われる。歩兵が敵の一カ所に強打を加えて突破口が形成されたらその隙間から機械化部隊が一挙に敵の後方深くまで突進する戦術である。

機械化部隊が前方陣地を突破して後方深く進撃していけば、後方司令部や予備隊は戦闘態勢を整える前に攻撃を受けて指揮系統が寸断される。前方に配置されている主力部隊はまともに戦いらしい戦いもせずに混乱に陥って壊滅する。

ド・ゴールがあれほど警告したにもかかわらず、フランスの防御態勢はマジノ線に依存し過ぎたことから、セダン（Sedan）付近がドイツ軍に突破されてしまい、通信と指揮系統が寸断され戦闘らしい戦闘もできず崩壊してしまった。

つまりフランスは自分が創案した機械化兵団の運営方法のために、開戦わずか三十五日でドイツに屈服してしまったのだ。

『管子』に「優れた有道者のみが禍根が分かり、それに備える」とある。管仲は指導者の中でももっぱら「有道者」のみが禍を知り、これに備えることができると言った。有道者は真の徳と能力の持ち主であるから、第一に、時宜を得て対策を立てることができる、災いを大きくしない人である。第二に、公平無私であるため広く部下の支持を集めるだけでなく、偏見なく事態を直視することができる人でもある。第三に、優柔不断でなく適切に決断できるため他人に遅れることがない。第四に、無能な人を使わないため周りに思慮深い部下が集まり、事をしくじることがない人である。

有道者を捨ててしまったフランスが無事でいられるはずがなかった。

イギリスも事情は同じであった。一九三〇年に入ってからチャーチルただ一人が来るべきドイツの危険を心配した。しかし彼に同情したり注目したりする人は多くなかった。戦争が終わった四〇年代後半も、彼はソ連の拡張主義に警告を発したが真面目に耳を傾ける人はわずかだった。

それほど「有道者」は難しく、いつの時代にも孤独である。

戦争が勃発してナチがヨーロッパ全土を席捲した後、自国だけが取り残されてようやく、イギリスは先を見通すことができる「有道者」を首相に任命した。

戦争中、早いうちからスターリンの陰謀を見破ったチャーチルは、ノルマンディーではなくバルカン半島上陸作戦を行うべきだと懸命に主張したにもかかわらず、アメリカを初めとする連合国は彼の警告を一蹴した。またノルマンディー上陸以後は連合軍の進撃速度を上げて、できれば東ヨーロッパの方へと進撃できるところまで進んで行ってソ連軍と接触しなければならない、と何度となく忠告した。

しかしスターリンの気を損ねたくないと考えるルーズベルトの意を汲んで現地司令官のアイゼンハワーはソ連軍の西進に目をつぶった。

チャーチルは戦争が終わってからも、アメリカの対ソ政策があまりにも生ぬるく宥和一辺倒に進んでいることに憂慮の念を禁じ得ないでいた。

チャーチルは一九四六年アメリカのウェストミンスター大学の卒業式で対ソ政策に関す

る演説をする機会があった。ここでの演説で、彼はソ連の拡張主義を阻止するための最善の政策はアメリカ・イギリスの一致したソ連牽制であると強調した。その時の演説に居合わせた百余人のアメリカ国会議員たちは彼の対ソ政策を非難した。ルーズベルト夫人は彼を「危険な思想」の持ち主であると酷評する有り様だった。「鉄のカーテン」という言葉が最初に発せられたのもこの演説だった。

いまや鉄のカーテンという用語はもう必要のない時代になったが、もしチャーチルが大戦中に主張し続けた戦略が採択されていたら、また戦後にも主張し続けた対ソ牽制政策を自由世界が受け入れていたら、戦後、人類が経験した試練はなんとか避けることができたであろうし、こんなに多くの血を流さずにすんだに違いない。

なぜ有道者の道はこれほどに孤独であるのか。それは人より先を見通し人より先を行くことを並みの人が実践するのは容易ではないことを意味する。だからこそ指導者は当然遠くを見通すことにいっそう関心を傾け、訓練を積まなければならないのだ。

逆にヒトラーやスターリンが先を見通すことのできる真の指導者であったら人類が被る試練はもっと軽くなっていたに違いない。歴史の進路も大きく変わっていたはずである。偉い人は自分の地位が高くなるほど、より遠くを見渡さなければならないのである。

二　判断する

ドイツ北部の一角を占めていた小国プロイセンのウィルヘルム一世（Wilhellm I：一七九七―一八八八）が即位した年は一八六一年。当時六十四歳であった。彼は九十一歳になるまで王位にいてドイツ帝国の統一を成した。頑固な保守主義者であり、正直で、また約束は必ず守る騎士精神の持ち主でもあったため彼の下に多くの人材が集まってきた。

宰相のビスマルク（O. E. L. Fürst von Bismarck：一八一五―一八九八）、軍事大臣ローン（A. T. E. Graf von Roon：一八〇三―一八七九）、参謀総長モルトケなどが綺羅星のごとく彼を補佐してやがてヨーロッパの歴史を大きく動かした。

後のフランス皇帝ナポレオン三世が降伏した日、ウィルヘルム一世は祝宴の席上で「ビスマルクが敷いた外交的な保護幕の下でローンは刀を研ぎ、モルトケはその刀を使って今日の勝利をもたらした」と祝辞を述べた。このように時代は彼ら偉人をして統一の夢を抱かせ、彼らの天才的な力量はやがてドイツ帝国統一を可能にした。

乱立した小国家を統一するために周辺列強であるオランダ、オーストリア、ロシア、フランスなどの干渉は最も大きな障害だった。ドイツ統一のためには最低でもオランダ、フランス、オーストリアなどの隣接国を武力で先に制圧して置かなければならなかった。

先ず手始めに、英雄モルトケの知略で一八六四年にオランダを屈服させることができた。そして二年後の一八六六年にはオーストリアを相手に戦争を起こした。オーストリアは、プロイセンなど相手にしないほどヨーロッパの伝統的な強国であった。また軍事的な観点からもオーストリアとの戦争は避けたいというのがモルトケの個人的な考えであった。しかしビスマルクはオーストリアの協力なしにはドイツ統一は不可能であると考えた。従って、彼はいかなる手段を使っても、ドイツ統一に反対するオーストリアを阻止する必要があると力説した。

これに同意したモルトケは十九世紀の戦略家の誰も構想しなかった一大包囲作戦を敢行した。つまり全オーストリア軍の八五パーセントに相当する二十五万人をケーニヒグラッツに誘引して、およそ三〇〇キロに及ぶ巨大な弓状の包囲網を構築したのだ。

この雄大な軍事作戦は当時としてはプロイセンだからこそ可能だった。それにモルトケがいたからできたのである。なぜなら、鉄道の軍事的意義について人より先に着目したモルトケは早い時期から周辺国家との戦争を予見して重要な戦略的拠点を結ぶ鉄道を敷いて置いたからである。例えば、ケーニヒグラッツの場合、オーストリアは一本の線路しかもたないが、プロイセンは五本も線路を敷いた。当時は迅速な機動軍事作戦は主として騎兵隊に依存していたので、他の手段を使うことには誰も着目しなかった。

戦勝の核心は集中（concentration）である。一つよりは二つが強いに決まっているからである。常に相手より大勢の戦闘力（兵員と火力）を目標と決めて、それを一カ所に集中できれば、その戦闘は勝てる。歴史上、軍事的な天才がよく使った戦術の全ては集中だった。

集中戦術の駆使には、ジンギスカンもナポレオンも、さらにヒトラー配下のロンメルに至るまで例外はなかった。ナポレオンが好んで使っていた内線作戦も兵力の集中が容易だったからである。

しかしモルトケは、対オーストリア戦で外線作戦に乗り出した。鉄道は、それまでの常識では想像もできないほど多くの戦闘力を速い速度で距離に関係なく容易に移動させることができたからだ。またそれぞれ違う場所から分散して戦場に向かって機動することもできるから隠密行動（企図秘匿）も可能だった。

実際モルトケが動員したプロイセン軍はオーストリア軍と同じような規模の二十五万人に過ぎなかった。小国のプロイセンの国力から見て仕方なかったことであった。だが火力の面では三倍もの優位を占めていたから勝利を収めることができた。それもプロイセンの参謀本部の先見があったからである。プロイセン軍は他のヨーロッパの軍隊より二十年も進んだ最新の小銃と大砲で武装したのだった。この武装には今日でも有名な企業クルップ社（Friedrich Krupp Aktien Gesellschaft）の大鉄鋼所と兵器工場の役割が大きかったことも見落としてはならない。

ケーニヒグラッツで大勝利を収めたモルトケはウィーンから六〇キロ離れたニコルスブルクへと前進した。もうオーストリアの首都までは妨害されることなく進撃することができた。モルトケと参謀本部はウィーン入城を強く主張した。しかし宰相のビスマルクは真っ向からそれに反対した。

遠く未来まで見通せることができたビスマルクは敵の首都で勝利の祝杯を交わすことが目的だったのではなく、むしろドイツ統一の建設を目標としていたからだった。ドイツを統一するには最大の障害であるフランスとの一戦を覚悟しなければならない。そのためにはオーストリアに好意的中立を守らせる必要がある。このあたりで進撃を停めてオーストリアに寛容を見せる必要がある。ウィーンに入城してオーストリアのメンツを傷つけるようなことは避けなければならない。戦後に伴う領土割譲要求や賠償金なども一切要求してはならなかった。つまりビスマルクは無割譲、無賠償、即時講和を主張した。

賢明な判断であり、深遠な計らいだった。普通ならそのような意見が受け入れられるはずがない。まして小国プロイセンが大国オーストリアを破って人々の感情が高まった雰囲気では彼の主張が通るはずがなかった。

まず陸軍が彼に反対した。これに王も加勢した。参謀総長までもビスマルクの判断に反対を唱えた。困った立場に追いやられたビスマルクであったが、必死に説得した甲斐あってその主張は貫徹されるに至った。それはただ一人の支持者である皇太子の擁護と後に加勢に入ったモルトケの支援があったからである。

この戦争でプロイセンはオーストリアに何も要求せず、得るものもなかったかに見えたが、実はオーストリアの好意的な黙認の下でハノーバー、ヘッセン、フランクフルト、ナサウなどをドイツ連邦に併合することができた。これでプロイセンは領土の四分の一と四百五十万人の人口を増やすことができた。それだけでなく、心配していたフランスとロシアの介入をオーストリアが間に入って封鎖してくれたのも大きな利益であった。

『韓非子』にこう書いてある。

「目の前の小さな利益に目が眩むと大きな利益を失う」

だが、モルトケのような大戦略家も時には判断に狂いがあったことにも、指導者は注目しなければならない。

仏教に「**八正道**[10]」がある。一番最初に出てくるのは「正見」である。「正見」とは正しい見解、つまり正しい世界観と人生観のことである。正しい見解を持っていればあらゆる物事を正しく見ることができて、正しい心がけは正しい思惟に導く（正思惟）。正しい心を持っていれば正しい言語を駆使することができる（正語）。また正しい身体的な行為（正業）に結び付くという。

時間が経てば、世の中は乱れて人間の見解も複雑さを増してきて、正見に反する見解に偏る傾向が強くなる。つまり「見濁」である。

正しい世界観・人生観がないから正しい人生観・正しい判断・正しい行動が生まれてこない。見濁を次の五つに分けてそれを戒めるのである。それは①身見、②辺見、③邪見、④見取見、⑤戒禁取見である。これをもって「**見濁五見**」という。

「身見」は全ての物事を自己中心的に考える利己的な考え方である。「辺見」は全体を見ないで、ある一部分のみを見る。目先しか見ていないから表があれば裏があるということに気が付かない。さらには物事には両面だけでなく多面があることにも気が付かない。「邪見」は真ではなくウソを見ることで、見るだけならまだしも、ウソを真理であると固執することに問題がある。一例として、北朝鮮の主体思想や共産主義者の唯物史観などがこれに当たる。

「見取見」はただ一つの道しかないと考えて、一つの考え・主張に執着することである。思想・宗教・学問などの広い分野でこのような傾向が見られる。この見取見が怖いのはそこにはわずかの寛容や余裕も入る余地がないことにある。世の中が複雑になるにつれて人間の知恵も益々増えると同時に、この見取見の悲劇も収拾がつかないほどに深刻化していくのが実態である。止まることを知らないインドの宗教紛争、血で血を洗うパレスチナ問題などは見取見のためである。

「戒禁取見」は世の中をあまりにも単純に考えることから犯しがちな間違いである。世の中の出来事は何一つとっても何気なく成り立っているものはないのに、単純に一対一、私と貴方の関係から判断しようとする態度である。

例えば、今日自分がここにいるのは、単純に考えると、親がいたからである。しかし実際には、自分の親でかたづくような問題ではない。時間的にも、今日が昨日になることはできないが、昨日がなければ今日は存在しえないのと同じ理屈である。自分の親が存在するには、その上の代に四人の親がいたはずであり、またその上の代には八人いる。また時代的に考えても自分が祖父さんの時代を生きることができないように、過去から遠い祖先がやってきて自分と同じ時代を生きることはできないのである。

このように、自分が今ここにいることは、単純に存在しているのではなく、それ以前の複雑な因果関係と要因が絡みに絡まった結果としてここに存在するに至ったのである。

対して戒禁取見の場合、複雑な因果関係から捉えることを否定し、単純化して一つの観点で捉えようとすることに問題がある。欲しい物があれば手にいれればよいし、食べたければ食べればよいと思うようになる。

しかし、いくら欲しいといっても人から物を取ってはならない。食べたいからと体に悪いものを食べてはならない。不凍港が必要だといって他国の港を勝手に攻めてはならない。憎いからと始末してしまえば万事片付く訳にはいかない。このように全てにおいて、私と貴方という単純な関係に図式化すること、これが「戒禁取見」である。

ヒトラーの行跡をたどった後世の人は言う。負けることを予見して戦争を起こしたのかと彼の愚かさを非難する。だが彼は決して愚か者ではなかった。彼が本当に愚か者だったら第一次世界大戦時、下士官に過ぎなかった一介の兵士が大ドイツの首相にまで上り詰めることができただろうか。第三帝国の建設を夢見て世界を相手に戦争を起こした人物である。先の戦争の敗戦による挫折と絶望で明け暮れていた中で、狂人がたまたま総統になる絶好の余地が生まれたという人もいる。だが、挫折と絶望を乗り越えてそれをうまく利用するのもそう簡単ではない。

ゲルマンはベートーヴェンを生み、ゲーテを育てた偉大な民族である。それほどの国家の総統は誰にでも務まるものではない。


ヒトラーは頭の切れる人であった。チャーチルも彼を「天才的な狂人」と表現したほどだ。問題は総統になってからの彼の考え方であり、行跡である。彼は指導者として問題があったし、リーダーシップにも問題があった。指導者としての問題というのは彼が愚かだったことなのか。そうではない。むしろ彼は政治家としても戦略家としても優れた資質を持っていた。権力掌握までの彼の巧みな歩みは誰も真似できないものがあった。軍事面においても彼の天才性はきらめいていた。

では何が問題なのか。

「正見」である。指導者としての正しい世界観であり、また人生観である。つまり彼には「正見」がなかったために正しい判断などできるはずもなかった。「第一次世界大戦で嘗めた恥と恨みを晴らしたい。『第三帝国』を建設してゲルマンの栄光を取り戻したい。弱い者は力で押さえたい。憎い者はこの世から抹殺したい。領土を広げて資源を確保しよう」など自分なりの構想を持ち、そのための侵略を正当化しようとドイツ国民を扇動した。彼はこのように物事を「私と貴方」で分けるように世の中を単純な関係に図式化した。すなわち、彼は「戒禁取見」のワナにはまってしまったのだ。

力で攻めたいから性能の良い戦車を作る。他国の領土が欲しいから電撃戦を構想する。憎い奴があまりに多いならガス室に送れば済む、となる。

しかしこの世のことは「彼我」の関係で説明できるほど単純ではない。因縁により複雑に絡み合う関係で成り立つ。私が殴ればあなたが泣く、あなたが殴れば私が傷つくようになっているのである。

万事は偶然も必然もなく皆縁起の所産であると言われる。

ヒトラーの行動を振り返りながら「戒禁取見」がいかに恐ろしいものかをみた。指導者はヒトラーを反面教師にして、世事について一度考え直さねばならない。ヒトラーはもとから残酷な人だったのではなく、「正見」がなかったのである。彼がそれほどまで凶暴だったのは彼には望ましい指導者の資質がなかったうえに、リーダーシップを間違って理解していたからである。つまり正しい世界観・人生観を身につけていなかったことに尽きる。彼は人間を愛することを知らず、天命をおそれることを知らなかったのである。

ヒトラーは日本とは異なり、世界を相手にした戦争に勝てると真面目に考えていた。恐ろしい「戒禁取見」である。

「アメリカが参戦しなければ勝つ。どうすればアメリカがヨーロッパに来ないようにできるか」

彼もここまでは正しかった。

「アメリカが来なければ勝てる」

その通りだったかもしれない。

どの国よりも優れた戦車や飛行機をもっていた。よく訓練されたドイツの兵士が進撃するところにヨーロッパでは文字通り敵なしだった。これを機に第三帝国を建設しよう。そしてゲルマンの栄光を取り戻そう。イギリスは老いぼれた。フランスは狂っている。ロシアは愚かで、海の向こうのヤンキーが手をこまぬいていれば万事うまくいく。そのための方法もある。アメリカは怠け者だから刺激せずにほうっておけばよいはずだ。うまくいかなかったら世論が沸き立つが、そうなる前に片付ければよいのだ。怠け者が気付いた時はもう遅い。その時はもう大英帝国もフランス共和国も皆消えてなくなっている。海の向こうのアメリカにはもう成す術もない。そのうえあの怠け者どもはいまだにモンロー主義を守っているから今がチャンスである。

実際にヒトラーは開戦以来二年間守り抜いたことが一つだけあった。それは第一次世界大戦の時とは異なり、潜水艦の攻撃範囲を広げなかったことである。第一次大戦でアメリカが参戦した直接的な動機は、ドイツ潜水艦が相手の軍艦や商船に無差別攻撃をかけて沈ませたことである。ヒトラーはどんなことがあってもこれだけは避けたかった。アメリカの参戦の口実を与えなければよいのだ。それでドイツ海軍の度重なる攻撃拡大要求を却下したのである。怖い者なしのヒトラーにしては注意深い行動だったと言えよう。

彼は第一次世界大戦の教訓を生かせば、万事うまくいくと本気で信じていた。

恐ろしい戒禁取見である。

一九五六年、エジプトのナセル（Jamal Abdal Nāṣir：一九一八―一九七〇）はスエズ運河を占領して国有化を宣言した。驚いたことにイギリスとフランスは軍事力を動員して即刻報復措置に出た。世界の非難が殺到したのはいうまでもない。そのうえソ連が世界の半分を支配していた時期だったので、世界の世論はイギリスとフランスは新帝国主義者として激しく責め立てた。強大国が弱小国を武力で押さえ込もうとすることに対する反発であった。

両国の名誉は地に落ちた。洗練されたイギリスの指導者がどうして何の実利も伴わない突飛なことをしたのか。いったい何を考えてそんな愚かとも取れる奪還作戦を命じたのか。

二十年前ヒトラーとムッソリーニ（Benito Mussolini：一八八三―一九四五）が条約に違反してアビシニア、エチオピア、オーストリア、チェコスロバキア、アルバニアで一連の冒険に成功したのを私たちは傍観していた。「このような状況の下では民主主義は抵抗する意志をなくしてしまう。私たちはこれに便乗して世界征服の目的を達成することができる」という判断をヒトラーに許したことがある。これにより三〇年代の私たちの宥和政策が間違っていたことで私と同僚たちは再び認識を同じくした。したがって私たち閣僚は一九五六年の秋の状況を綿密に検討した末、同じことが繰り返されてはならないと決意した。

当時のイギリスの首相イートンの回顧である。

歴史の教訓を生かす。まさにそのとおりである。歴史は生きた教訓だからである。歴史的な教訓。良い言葉だ。といって歴史的教訓は常に生きていてどんな場面にも使ってもよいのか。そうではない。「諸行無常」というではないか。「昨日の太陽が今日の太陽ではない」ように、昨日の教訓はもう今日の教訓にはならない。もちろん今日の教訓にもなり得る。それを図式化することに問題があるのだ。大事なことは「私と貴方」という関係に単純化しないことである。この世に私と貴方の関係だけが存在するのではないのだから。

イートンと閣僚たちがスエズ運河問題をめぐって冷静かつ理性的な判断で話し合いに臨めただろうか。誰かが三〇年代のヒトラーが犯した教訓を口にした時、チェンバレンの失敗を思い起こさない人がいただろうか。何人の人がチェンバレンが味わった恥を思い起こしながら、心理的圧迫を感じずに超然としていられたのか。チェンバレンが受けた歴史的な非難の矢を「私は受けない」というプレッシャーから抜け出て冷徹な理性で振る舞う人はいたのだろうか。彼らも所詮人間である。自分が受ける歴史の評価を考えないはずがない。これが「身見」である。その時の状況とチェンバレンの宥和政策がもたらした結果を今日のスエズ運河とナセルを照らし合わせながら、またヒトラーとチェンバレンを連想し、何人の閣僚が「俺はチェンバレンにはなりたくない」という強迫観念から自由になることができたのか。

「身見」が先走りするから「正見」が成り立たない、正見が濁れば「見濁」であり、また「戒禁取見」に成り下がるのだ。昨日は宥和政策が失策を呼び、今日は強硬策がもう一つの失策を招いてしまった。

判断することはこんなにも難しいのである。

山本が対米戦争に反対の立場をとっていたことは前にも述べた。過激な開戦派は彼を暗殺しようと企てたことさえあった。彼を海軍省の次官から連合艦隊の司令長官に転任させた理由も、軍令部が彼の身辺を保護するために断行した人事措置だった。この事実からも窺えるように、彼は命がけで戦争に反対した。対して、戦争に反対する人を除去してでも開戦を主張した人たちの心の内はいったいどんなものであったのか。国家の存亡がかかった重大事であるにもかかわらず、ここまで両極端に考えが分かれるものなのか。

このような事態は「辺見」がもたらしたものであり、「見取見」に支配されていたからである。目の前にある表面しか目に入らず、その裏に隠れた意味を考えようとしなかった。一つだけ知り、二つ考えようとはしない。

物事は様々で、とらえる者の位置によって変わって見えるものである。それにもかかわらず、ただ一つのことが正しいと固執する。一つの現象も昼と夜ではその姿が違って見えるように、前と後ろでは違うし、また横も違う。にもかかわらず、対象を前でしか見ようとしない態度が間違いを招いた。

日本がいわゆる太平洋戦争の開戦を決定したのは一九四〇年十一月末だった。当時アメリカ国務長官ハル（Cordell Hull：一八七一――一九五五）の一通の文書（ハル・ノート）に接した日本政府は、「もはや戦うしか残された道はない、モナコのような小国もこんな屈辱的な条件は受け入れないだろう」と、テーブルを叩いて激高し戦争を決意した。

日本が国家の命運をかけようとしたハル・ノートには何が書いてあったのか。

ハル・ノートの主な内容は、①日本軍のフランス領インドシナ（今のベトナム）から即時撤退、②中国からの兵力即時撤退、③ドイツ・イタリア・日本の三国同盟の即時破棄の三項目だった。

日本が戦争を決意するに至ったもう一つの理由は、四〇年八月一日にアメリカが通告した対日石油輸出の全面禁止措置である。

日本は石油需要の四分の三をアメリカに依存していたから、石油の禁輸措置による痛みは大きかったに違いない。石油の輸出禁止は、日本が二年しか持たないことを意味する。軍部としては立ち枯れするよりは戦って死ぬ覚悟で開戦を決意する以外に、選択は残されていなかったのかもしれない。

ハル・ノートや石油禁輸措置がいささかの妥協の余地もなく、全く受け入れることのできない絶体絶命の外交措置だったのか。

まず、フランス領インドシナからの撤退条件であるが、それは受け入れても良かったのではないか。ベトナムの資源を欲しがるのは分かるが、国家の命運と引き換えにするほど大事な問題だとは思われない。

中国問題も同様である。もはや中日戦争でくたびれた日本は一九四〇年から段階的な撤兵を検討していたことも事実であったから、中国問題はそれほど障害にならなかったはずだ。

次に三国同盟だが、日本がドイツやイタリアに義理を立てるようなことはほとんどなかった。むしろその逆だった。ドイツが対ソ戦を展開した時、彼らは日本に対する信義に背いたのである。ドイツはソ連侵攻の事実を日本に知らせる道義的な義務があったのにそれを守らなかった。日本はこれを口実に一方的に三国同盟を破棄しても差し支えなかった。同盟関係を破棄しても日本に損はなかったはずだ。問題があったとすれば、日本の「面子」が潰れるくらいで、国際社会における国家の面子も大事ではあるが、国を滅ぼすよりはましだ。

ハルが要求したのは日本の帝国主義の放棄であって、日本国の体面を侮辱するものではなかった。忍耐は苦痛を伴うが、ここでは事態が好転するまで我慢すべきだった。まして正義のためと称するなら当然中国で戦争を起こすべきではなかった。フランス領インドシナへの進駐もわきまえを知らなすぎた。それ以前から日本は朝鮮を植民地にしたり、日本の国土の何倍もする満州までも手に入れていた。

日本としては国家の面子を言う以前に、自分の置かれている立場や身のほどを振り返ってみるべき時点だったのかもしれない。

「得隴望蜀」という言葉がある。後漢の始祖である光武帝の劉秀が中原を平定してから西部の隴西へと兵を進めた際の話である。その時は西にある蜀が光武帝に対抗する情勢だった。光武帝は「人間の欲には限りがない。私は隴を手に入れたにもかかわらず、明日には蜀を欲しがる」と欲張って、蜀も手に入れようとした故事にちなんだ格言である。

それから二百年後、魏の曹操が大軍を率いて隴西を占領した。そこで彼の参謀が「なぜ蜀を攻撃しないのですか」と尋ねた。これに、「私は光武帝ではない。いま隴を手にした。蜀にまで手を出すほど欲張りでない」と答えたという。

私たちのよく知る曹操らしくない態度に驚く。昨日の光武帝が「是」としたことを今日の曹操は「非」とした。曹操は誰よりも知略に優れ、人を使うのに長け、夢の大きな人。並みの侵略者だったら、かつて光武帝が蜀に攻め込んだことに倣って一挙に蜀に攻め入ったに違いない。

少なくとも曹操は「見濁」は乗り越えていた。わきまえを極め、足るを知った。それゆえ時宜を得た判断ができた。**「満足しないことより大きいわざわいはない」**という老子の言葉である。「不知足」、つまり満足を知らなければ「身見」から抜け出すことができないのである。

一九四〇年八月一日にアメリカが日本に対して全面石油禁輸措置を取ると、当時の内務大臣木戸幸一は、日記に「これから十年は臥薪嘗胆することを決心する」と書いた。まことにその通りであろう。この時、日本が選ぶ道はまさに臥薪嘗胆であろう。石油輸出禁止のもつもう一つの意味もよく考えるべきだった。なぜなら、この時が「霜が降りはじめた時期」にあたるからだ。その後のハル・ノートは石油禁輸措置以降も日本が南方進駐を止めなかったから出された警告だった。内容も一層強硬なものになった。恥をかく前に収めるべきことを、かわりにののしりでもって対応すれば、相手も我慢できなくなるではないか。

十一月二十九日の重臣会議に参加した米内光政は「じり貧を避けようとしてドカ貧にならないように」と発言している。ここで日本が自重しなければさらにひどい仕打ちが返って来ることが分かったうえでの発言だったであろう。それが即ち「霜」であると彼はたとえた。

今ふりかえってみれば、当時の日本の政策決定権者は「見濁」の虜に成り下がってしまって、判断能力が麻痺してしまい「知足」することができなかった。彼らは自分だけの問題でなく、一億人の生命と財産を預かったのだ。にもかかわらず、自らが招いた一時的な屈辱を我慢できず破滅的な戦争に突入した。戦争ごっこではない。何千万人の生命と財産がかかる、また相手国の多くの尊い命がかかる大事な問題である。日本国民は言うまでもないが、当時日本の植民地支配下で苦しんでいた隣国朝鮮の国民まで悲惨な目に遇わされることとなった。

『孫子』にこう書いてある。

「君主は怒りで兵を動かしてはならない。大将は憤りで戦ってはいけない。利があれば動いてもよいが、利がなければ動いてはならない。怒りが転じて喜びになることもあるし、憤りが変わって喜びにもなりうる。しかし滅びた国は再び存在することはできないし、死んだ者はもう蘇らない。それゆえ賢い君主は戦を慎み、立派な大将は戦いを戒める。これは国家を安全にし軍隊を健全に保つ道である」

(10)「八正道」は正見、正思、正語、正業、正命、正進、正念、正定で、八の正しいことを言う。どちらにも傾かない「中道」で、仏教の最も核心的思想である。(性徹『百日法門』、陜川、蔵経閣、一九九二)

三　行動する

かつて孔子は「君子は先ず言おうとしたことを実践する、言うのは後にする」と言い、また「君子は口を重くし、実践は敏捷でありたいと、望む」と弟子たちに教えた。

君子の祖と尊ばれる孔子が思索ではなく行動を強調したのはなぜか。

哲学者モリス・ブロンデルが残した遺稿「心の日記」にこう書いてある。

「思考が行動を引き起こすのは事実であるが、実は行動が思考を引き起こし、思考によって真摯な態度が保証される」

彼はつまり、行動が思考を起こすのが人間本来の真面目な姿であるとした。人間にとって行動がどれほど大事であるかを明らかにしたものと言える。

チャーチルも回顧録で行動の自制がもたらす歴史上の悲劇について次のように述懐した。

「慎重と自制のなさがいかに致命的な危険の原因になったか、また安定と平穏な生活を求めるつもりの妥協が惨憺たる災害につながったことを我々は知った」

第二次世界大戦の直前のヨーロッパの指導者たちの優柔不断な行動が戦争を起こすこと

になったのを嘆いてのことだ。

なぜ行動が必要なのか。

行動すれば、心がついてくる。行動すれば前へ進むことができるからだ。人々が尊敬して心からついてきてこそトップになれる。行動を起こしてこそトップである。先頭に立って前に進めば人が従う。先頭に立たなければならない。行動しなければならないのだ。とにかく行動さえすれば万事うまくいくのか。もちろんそうではない。行動する前に知らなければならない。考える前に志を持たなければならない。

それゆえ、知らないから行動できない、怠けているからできない、考えが足りないからできない、失敗を恐れるからできないのである。

行動を起こすことがこんなにも難しくまた尊いのは、人々の前に立ち模範を見せ、知に基づいた志を備えたうえで挑まなければならないからである。

行動は苦難でもある。犠牲も伴う。犠牲の伴わない行動は意味がなく価値もない。苦難のない向上もなければ、犠牲のない前進もまたない。だから行動は難しく、トップをつとめるのは大変なことなのである。

戦史上最も大きな論議を引き起こした事件に、前にも言及した山本連合艦隊の真珠湾攻撃がある。特に一九四一年十二月八日、航空機による攻撃をなぜ一回で打ち切ったかである。ハワイは軍艦の停泊地であると同時にアメリカ太平洋艦隊の本拠地であるから巨大な石油貯蔵施設や港湾施設、それに重要な海軍工作施設や補給基地などがあった。なのに日本軍はたった一度、戦艦と航空機を叩くのみの攻撃で、周りの戦略的施設には全く攻撃を加えなかった。

もしこの時三百五十機にも上る日本の戦闘機が爆弾を装着して二次攻撃を敢行し、戦略施設を破壊していれば、アメリカ太平洋艦隊の復旧や反撃は大幅に遅れ、その後の戦局も大きく変ったに違いないという見解がある。

この種の論議は日本国内でも提起されたことがあるが、特にアメリカ海軍のモリソン（S. Morison）提督の「山本戦略批判」が有名だ。

つまり彼は、日本の真珠湾攻撃について、①戦略家として最大の失策だ。なぜならアメリカの太平洋戦略は開戦初期段階に北太平洋の日本軍の輸送船団攻撃やマーシャル諸島の襲撃など主に日本の補給路の攻撃に重点を置き、次の段階でマーシャル諸島の占領を果たすという「漸進作戦」だった。したがって、日本は戦力を十分蓄えておいて、進撃してくるアメリカを迎え撃つのが定石である。②戦術的にも海上の軍艦のみに攻撃を仕掛けたに過ぎず、海軍の重要地上施設を攻撃しなかったことは大きな誤りである。③政治的にも宣戦布告なしに攻撃を仕掛けたことから、「真珠湾を思い起こせ（Remember the Pearl

Harbor)」でアメリカ国民を団結させたことは戦略的に大きな損失である。

ここでモリソン提督の言う、①の戦略上の批判は間違いである。アメリカの軍備増強計画によれば、一九四三年までアメリカは保有艦艇を七〇パーセントも増やして、航空機一万五千機保有することになっていた。それに比べて、日本海軍は一九二二年に締結されたワシントン軍縮条約によってアメリカ海軍の六〇パーセントしか戦力を持てないことになっていた。つまり時間が経つにつれて国力に差が出る日本は当然不利になるのである。

山本が最も恐れたのもこのアメリカの国力だった。そのため開戦初期にアメリカに先制して一撃を加えて太平洋艦隊の戦力を弱体化させることが彼の基本的な構想だった。またそれが成功を収めることで一、二年の時間稼ぎが可能になり外交的努力によって戦争を収拾しようという戦略だった。この山本の判断は正しかったと思われる。

次に③の批判は決して戦略的な失敗ではない。Remember the Pearl Harbor でアメリカの国民もいきりたったが、真珠湾奇襲の成功は当時日本のような国には大きな快挙であり、国民的な団結と自負心を鼓吹するのに大きく寄与した。アメリカが大きくて力のある国であることは子供でも知っていることだが、そんな大きな国を相手に戦って勝ったことで、日本国民にとっての感激は Remember the Pearl Harbor などと比べ物にならないほど大きなものだった。日本がアメリカを相手にして四年にも及ぶ戦争にもちこたえることができたのも真珠湾の勝利の喜びがあったからと言う人もいるほどだ。

問題は②の戦術的な失策である。つまり二次攻撃をしなかったことは重大な失策であろう。なぜなら、「機動部隊作戦命令三号」にはっきりと「敵基地の航空兵力の殲滅が順調に進行したら即刻反復攻撃を行って決定的戦果を獲得せよ」と明示されている。また現地の機動部隊指揮官が一次攻撃で作戦を終結させようとしたら、連合艦隊参謀たちは口をそろえて山本に二次攻撃を促す進言をした。

しかし彼は何を考えたのか「戦闘地域の状況判断は現地指揮官に任すべき」と、参謀たちの進言を受け入れなかった。

なぜそうしたのか。後の史家は理由として二つを挙げる。一つは、真珠湾に停泊しているはずの空母レキシントン（Lexington）とエンタープライズ（Enterprise）の所在不明により、その艦隊との遭遇を避けるためだ。二つめは、日本海軍の主力である機動部隊の戦力を保持したいからだという。

だが、どちらも説得力にかける。第一、山本が最初に攻撃構想を練る時もその後の海軍長官宛てに送った二通の手紙でも「全滅する覚悟」でこの作戦を決行しなければならないと強調している。そして自らが機動部隊の司令長官になって真珠湾攻撃に参加したいと進言した。万一作戦が失敗に終われば彼は命をかけて責任を全うするつもりだった。それほどの彼が敵との接触を恐れたとの主張は理由にならない。まして敵を攻撃するために出動した指揮官が敵との遭遇を嫌うとは論外である。

第二に、戦闘力を保持したかったという論理も説得力に欠ける。なぜなら、これは戦争である。自分が相手に打撃を加えるためには、自分の方もある程度の被害を被るのは当然である。またそれくらいは覚悟していたはずである。機動部隊を指揮した第一航空艦隊司令長官の南雲忠一中将は奇襲作戦に反対しており、非常に思慮深い人物だったから一度の攻撃で機動部隊を戻したかったかもしれない。

だが、山本は違った。当時としては無謀とも取れたこの作戦を思いついたのは彼であり、数々の難関にぶつかりながらここまで押し通してきた張本人である。彼に「決意」があれば再度の攻撃を行わせることもでき、また当然そうすべきだった。そのうえ参謀から二次攻撃の進言もあったのではないか。しかし彼はそれも退けた。なぜ、彼に二次攻撃の意志がなかったのか。

攻撃二週間前の十一月中旬の最終作戦会議で連合艦隊参謀長の宇垣纏は機動部隊参謀長の草鹿竜之介に奇襲作戦が成功したら攻撃は一撃で打ち切って即刻回軍するよう指示した。山本も同じことを南雲に伝えたと言われる。つまり計画段階から第二次攻撃の意志がなかった。遠く一万二〇〇〇キロの困難極まる航海の末に敵の心臓部を叩くのに、最後の重要な段階を粗末に終わらせた措置は理解しがたい。山本個人の性格、また企画からここに至るまでに乗り越えてきた数々の難関、彼の熱意からは納得できない措置だった。山本は最初からアメリカを相手に本気で戦う意志がなかったのだろうか。これは彼の戦争思想と戦略概念としか言いようがないのではないか。

第一に、彼はハワイの米軍の戦闘力を軍艦や航空機に限定していた向きがある。もし敵の支援施設や燃料貯蔵庫基地までを戦闘力として考えていたのであれば、初めから攻撃部隊にその任務が与えられたはずだ。まして攻撃するのに難しい目標でもない。機動部隊の一撃で戦艦八隻を撃破し航空機を五百機も破壊したという戦果報告を受けた時、彼は任務を完了したと判断したに違いない。そうでなかったら彼の性格から第二撃を命令したはずだ。

彼は心酔していたクラウゼヴィッツ（Karl von Clausewitz）の『戦争論』を間違って受け入れていたに違いない。クラウゼヴィッツは「攻撃の目標は敵の領土ではなく、敵の戦闘力を撃滅することに置くべきだ」と主張した。それに習って彼は敵の戦闘力を戦艦と航空機に限って考えていたのかもしれない。すなわち彼の戦争思想に問題があったことになる。彼は偉大な戦略家に違いないが、戦略目標の選定と攻撃についてくる結果、その後の状況に対する考慮が足りなかったのではないかと思われる。

真珠湾に停泊中のアメリカ戦艦は八隻にもなっていた。機動部隊の飛行士はその八隻すべてを破壊することで任務を全うした。しかし六カ月後、そのうちの六隻は復旧され戦闘に参加することとなった。施設や油類貯蔵所に止まらず、彼が考えた敵の戦闘力撃滅にも問題があった。彼が定めた攻撃範囲にも当然含まれるべき目標が抜かれていた。これは、彼自身や參謀たちの戦略思想にも落ち度があったことを物語る出来事だ。また作戦遂行を前後した準備状況にも問題点を残していたに違いない。これは一種の「辺見」（一六七ページ参照）であると言える。

彼の作戦そのものは、構想から奇襲までの計画・訓練・準備・武器開発、そして奇襲までの過程は史上例を見ないほど完璧だったと言えるが、一次攻撃の後の措置や攻撃遂行以後の考慮は不十分だったのではないかという点である。

出動から奇襲までが一段階、攻撃とその後の戦場の処理が二段階、最後の撤退が三段階というように、各段階別に分けて考えれば、一・三段階は完璧だが、二段階に落ち度が多いと言わざるを得ない。山本ほどの人物も行動に移す時には多くの問題点を残している。行動する・実践するということはこんなにも難しいものなのだ。

『中庸』にこう書いてある。

「事予め計れば立ち、予めしなければ廃す。予め言うことを決めれば失敗しない。事予め決めれば難しいことはない。事予め心に決めれば間違いがない。事予め方法を心に決めていれば間違いがない。事予め方法を心に決めていれば困らない」

攻撃の二段階目で事前に次のような状況を考慮して対処すべきだった。①計画どおりに機動部隊の奇襲が成功した場合、ハワイは事実上武装解除になる。ここで機動部隊をE地点（ハワイの北東二三〇キロ、この地点から攻撃機が発進した）から攻撃機が回収され次第、ハワイの至近距離まで移動する。②移動中に第二撃のための準備と、行方のわからないアメリカ空母二隻の捜索と撃沈に最善を尽くす。今ハワイ海域における戦力比は六対二であり絶対優勢だ。③機動部隊に同行した戦艦二隻が艦砲射撃で真珠湾を攻撃する。それにともなって状況が許せば、陸戦隊（二、三個大隊規模の兵力が必要）がハワイを暫定的に占領することも考えられる。④撤退はアメリカ空母の殲滅とハワイ地上施設を完全撃破した後に実施する。

もし奇襲が成功せず強襲攻撃になる場合、①一次攻撃が終わり次第アメリカ空母に対する備えを優先し、その捜索と破壊に最善を尽くす。②真珠湾の残りの攻撃目標はアメリカ空母に対する作戦の展開状況次第で適切に対処する。

山本ほどの戦略家が決死の覚悟で奇襲を決意し、また作戦を開始した時の彼の気魄と性格から考えて、行動に移してからの内容と結果に多くの疑問が残るのはどうしてなのか。それは「行動する」、「実践する」ことが決してたやすいことではないということであり、大事なことであるほど、うまくやり遂げることが難しいという意味でもある。

「思想家として行動し、行動家のように思索せよ」

ベルクソン（H. Bergson）の言葉である。思索を伴わない行動は無謀であり、行動に裏づけられてない思索もまた何も成すことができない。

指導者の権威と価値は、「思索と行動が互いにやり取りする対話のリズムによって、時には最初の決断力によって表明され、続いて相互の吟味が意志決定を成熟させる」。

バージルの言葉である。

結局人間は思索と行動という二つの翼によって飛び立つことができるのだ。ひとつの思索や一つの行動だけでは墜落するしかない。高く飛べる人は翼の羽ばたきも大きい。そうしてこそ対立する二つの辺の弁証法的合一が成り立つ。

当の本人の立場にない筆者が他人の事について多くを評価することは差し控えるべきだが、後輩のために一言申し上げたものとして誤解をしないでいただけるとありがたい。「行動」に移すことは難しい。うまくやるためにはもっと考えなければならない。そして考える境地から一歩進んですべてをかけて悟りの境地に飛び込んだ時に成し遂げることができる。バージルが言ったように、「思索と行動のやり取りするリズム」によってリーダーが成熟して初めて可能である。

もう一つ行動で最も難しいことは「いつ決断を下すか」である。

経営学やリーダーシップではこの問題を理論や論理の問題として扱うが、それは賢明な接近方法ではない。「時」の問題や、するかしないかなどの「決断」の問題は論理と言うよりはむしろ直感の問題である。直感は論理や理論を超えたところにある。筆者にも届かない領域であるような気がする。

ただひとつ言えることは、答えを求めようとする時は限りなく真心を尽くすことである。「誠心誠意を尽くす」とはどういうことか。常に考えることだ。寝ても覚めても考え続け、考えに考えを重ねることである。

そして祈る。深く祈る。絶対者に、偉大な宇宙の能力者の前に謙虚にひざまずいて答えを求めるのだ。誠心誠意を尽くせば人間の内部に緊張が高まる。この緊張は緊迫感に変わり、緊迫感は魂の中にエネルギーを蓄積していく。このエネルギーが臨界点に達した瞬間、答えが出てくるかもしれない。それが直感である。

「時」の問題は孔子も頭を抱えていた「時中」[11]問題と関係が深い（これについては第五章で詳しく述べる）。ましてや人の上に立つ者はこれを軽く過ごすわけにはいかない。孔子さえ手にあまる問題である。指導者が謙虚でなければならない理由がここにあるのだ。

本当に存亡の危機がかかった問題にぶつかったらどうするか。

自らに静かに問いかけることだ。

「私はこのために死ぬ覚悟ができているか」と。

（11）『周易』は何事においても「時」を重要視する。そのことから易学の核心は時中にあると考える。『易学伝義大全』の「止めるべき時は止める。行うべき時は行う。行うまたは止めるから光明である」「時に及ぶ」「時を待って行う」などは時宜を得たことであり、これを時中と言う。（『周易の理解』ソウル、西光社）

四　従わせる

「君主を船にたとえれば、民は水である。水は船を浮かび上がらせることができれば、同時に船を沈めることもできる」

『荀子』の王制に関する一句である。これこそが完璧な民本思想である。

東洋で最も古く伝えられてきた思想に拝天思想がある。これによれば、天命は万物を創造し、それを成長進化させる。天命は人間も生育させるが、いちいち人間の日常に関与するのではなく、天命の代わりに民を治める人を決めてまつりごとを任せるという。その人を天子と呼んだ。

民を治める天子が民を支配はするが、彼はあくまで天命の役割を代わって行う者に過ぎない。

彼は天命の役割を代行するから民の生育を助けるために有徳で聡明な人でなければならない。天命の意は民に根差しているものであるから、天命を代表するのは民である。それゆえ「民心は天心」だという考え方が今日まで受け継がれている。

このように考えれば、民心が離れた天子は天命の意を失った「凡夫」に過ぎないと孟子は説いた。荀子に至っては船を沈めると表現している。

東洋における天子の位はその地位が神聖ではあったが、存在そのものは絶対不可侵ではなかった。中世の西洋で見られたような王権神授説のような絶対的な帝王の特権などは思想的にも想像もできなかった。

天下というのは西洋のように国王の私有物ではなく民の公物であった。

民本主義は儒教の伝統的な思想であり、とりわけ孟子はこれを徹底的に擁護した思想家でもある。孟子は当時の実力者である斉の国の宣王との問答で「仁を破る者は賊といい、義を犯す者は残という。残賊は即ちつまらない男である。武王が紂を滅亡させたことは君主弑逆ではなく、つまらない男を切ったに尽きる」と述べたくだりにこの思想はよく表われている。いくら君主であっても民心から離れ王道から遠ざかれば弑逆してもかまわない、と説破している。

後に明の太祖のような君主は、孟子のような都合の悪い内容を書籍から削除するよう命じた。

古代社会における指導者は、自分がなりたくてなるのではなく、民心が決める民意に従って指導者が選ばれたと思われる。従って、自分が願って指導者になるより、民意によって推戴されたと考えるのが自然である。この見方からすれば、指導者になるには個人のちからでは難しかったかもしれない。

許由が穎川で耳を洗う故事[12]や撃壌歌の「君主の政は私には要らない」などからもその思想がかいま見える。

実際、古代社会は文物があまり発達しなかったので、いくら君主でも食べ物や着る物、暮らす家などの事情は一般の民とあまり違いはなかっただろう。民と共に働き、盛んに接触し、また教えを施して互いに助け合ったに違いない。そのような光景は今日の遊牧民に見られる民とその族長との関係に似通っているのではないか。古代の指導者は家父長的な偉い人だったから、民は彼に服従することに苦痛を感じなかった。彼は民を家族の如く守ってくれるばかりかその見返りを要求しなかったのである。たとえ要求することがあってもそれは皆の必要と将来の利益のために限ったからだ。

記録によれば、夏の国の禹王の姿は非常に痩せていて汚れた布のような服を身に着けていたという。黄河の治水事業に尽力していたため、身の回りや健康に気を配る暇さえなかったのである。ここからも分かるように当時の指導者は自己犠牲と奉仕のために尽くしていて、天に代わって心から民を愛する天子だった。

だが、このように理想的にみえる家父長的な指導者の時代も、当時、人口が少ないという時代状況だったからこそ可能だったのではないか。それは周（BC一一二二？―BC二五六）が滅んでからは聖王と尊ばれる君主が一度も出現しなかったことからも推測できる。それは尭舜以来続いた善政のおかげで人口が急激に増え続けたからであろう。

春秋という戦乱の時代に尭舜のような人物がいなかったのではなく、多すぎる人口を治めるには家父長的なやり方では治められなかったのである。この時期の急激な人口の増加の原因として農耕の道具として木や石器に代わる鉄器が普及したことも一役買ったに違いない。

厳格な意味で指導者が家父長的地位を占めた時代にはリーダーシップが強調されなかった。その理由は家父長はリーダーシップの基本である愛と奉仕を自然に行うものだからだ。

一人の人間の治める地域が広くなり人口も増えれば、必然的に法律や権威を持たねばならなかった。家父長的な社会のように人間相互を情けで縛ったり道理で統制することは益々不可能になっていたからだ。こうなったら愛よりは法の方が手っ取り早いし、奉仕よりは統制が効果的である。寛容よりは秩序が人を治めやすくなる。指導者がリーダーシップの基本である愛をなおざりにし、民の上に君臨し始めたのは当然な成り行きだった。

それを知るためには秦の国を見れば分かる。秦は始皇帝が出現して天下を統一した後、それまでの封建制を打破して、愛に基づいた王道に代わって覇道を行ったことからもそれが理解できると思う。

始皇帝が天下を統一してから真っ先に取りかかった事業は何だったのか。天命の道理を語り、君王の道を主張する学者と書籍を抹殺したことである（焚書坑儒）。愛に代わる厳格な法治主義が始まったのである。広大な宮殿を建てたり豪華な馬車を作ったりした。そして自分の身の回りを威厳で飾った。

真のリーダーシップが必要になったのはこの時からだと言える。ますます発展していく人間共同体の規模と性格によって「人間を従わせる」リーダーシップが必要になってくる。

二十世紀後半に入って起きた注目に値する歴史的な事件を二つ挙げるなら、ベトナム戦争でのアメリカの敗退とソ連帝国の没落であろう。ベトナムで、世界最強の国が発展途上国に敗退するという屈辱と、地球の半分近くを占める強大なソビエトとその同盟国が銃弾を一発も打つことなく崩壊してしまったことだ。

この二つの出来事が持つ根本的な意味はなんだろうか。人々を従わせることができなかったことだろう。ベトナムにおいて人々は南ベトナム民族解放戦線に従い、ホー・チミン（胡志明：一八九〇—一九六九）についていたのであり、アメリカやゴ・ディンジェム大統領などにはついていなかった。

ベトナム戦争に参戦した人ならだれもが経験した事だが、南ベトナム民族解放戦線がベトナム人の心を得るために、作戦中に国民にあたえた被害も補償し、もしそれができなかったばあいは、支払い覚え書きまで残して他日を期するのを数え切れないほど目撃したではないか。

ソビエトとその周辺の東欧圏では、共産党が社会主義という理想社会の実現のためにほぼ一世紀を費やしたが、結局は壮大な実験も失敗に終わった。人民が共産党に背を向けたからである。

それはなぜか。根本が間違っていたからだ。

ブルジョア階級は封建的・家父長的・牧歌的な人間関係を全て破壊してしまった。彼らは人間と人間の間にある美しい関係を、殺伐な利害関係としてのみ捉える現金精算以外には何も残していない。

彼らは信仰心の深い陶酔、騎士の激情、普通の人々の哀愁に満ちた感動などを氷のごとく冷たい利己的な打算の淵に深く沈めてしまった。

彼らは人間の価値を交換価値に変えてしまい、人間が当然享有すべき多くの貴い自由を、良心のかけらもない商業の自由に置き換えてしまった。


以上は「共産党宣言」の一節である。

彼らが唱えた「宣言」は真に立派だったが、行動は違っていた。考えが宣言に及ばなかった。宣言とは異なり人間を無視した。人間を愛することができなかった。

やがて「万国のプロレタリアが団結」してブルジョアに代わって共産党を倒した。つまり彼らは民心を従わせることができなかったのだ。

「ゲリラが魚なら、民衆は水である」と毛沢東が言った。水のないところに魚が生きられないように、民衆のいない所にはゲリラが足を踏み入れることはできない。

ホー・チミンは一本の銃よりは一人の人間の心を選んだ。航空母艦や戦闘機を持たなくても民心を従わせることはできた。南ベトナム民族解放戦線は「人を従わせる」ことのみでアメリカの強大な軍事力を退かせたことになる。

これについては筆者があれこれ言う立場ではないが、考えてみればアメリカの戦略にもまずかった点が多かったことに気づく。

まずベトナム問題においては目標と大義名分は良かったが、初めから戦略的な誤謬を犯していた。

「アメリカがベトナムに積極的に介入しなければ、東南アジアはもちろんのこと、南アジア地域全体の喪失につながる。アメリカは侵略行為に抵抗する自由世界の意志と能力に対する信頼に背いてはならない」

ケネディ政権当時の国務長官のラスクの言葉である。

彼によれば、アメリカは自由を守り、自由世界に対するアメリカの決意と信頼をみせるためにベトナムに積極的に介入しなければならないという。まさにその通りである。世界の指導国家としてやらなければならない当然の使命である。大義名分もよかった。ところが目標達成のための戦略樹立が初めから間違っていたことに問題があった。

一九六一年の秋、ケネディはホワイトハウスの最高幕僚二人をベトナムに派遣した。MIT（マサチューセッツ工科大学）のロストー教授と、陸軍参謀総長を歴任したテイラー将軍の二人である。ケネディは就任始めに味わったピッグス湾（Bay of Pigs）事件[13]の衝撃以来、テイラーを大統領の特別軍事顧問として迎え入れた。ベトナムから帰国した二人は次のような内容の勧告書を大統領に伝えた。

①ベトナム救援に対するアメリカの真摯な行動をみせるために軍事力を派遣すべきだ。

②アメリカとベトナムの関係は現在の助言者から、限定的ではあるが協力関係に変わらなければならない。

この勧告案は直ちに覚え書きとしてまとめられ、国務省始め国防省・国連・ホワイトハウスなどで何度も討議された。海外公館や海外軍事使節団に至るまでいたる所で議論が交わされた。精力的な分析家であった当時の国防長官マクナマラ（Robert. S. McNamara）は大統領に次のような進言をした。

「もしテイラー、ロストー両者による勧告案が採択されて越盟＝ベトナム独立同盟や中国が同じような対応に出たら、ベトナムに二十五万人の軍隊を派遣しなければならない」

どちらも物理的な軍事力に焦点を当てるのみで、より根本的な問題には言及していないのが特徴である。

ここで検討されるべき根本的な問題は何だったのか。

第一に、この戦争の性格である。戦わなければならないのか否か。戦うなら武力でいくのか、知略でいくのか。武力で戦うならどのようにするのか、などである。

第二に、この戦いにおける最大の障害は何か。歴史的な教訓からみれば民心と世論である。つまり「人がついてくるのか」である。だとしたらベトナムやアメリカの民心、それに世界の世論にいかに答えるのか、である。

第三に、アジア、特にベトナムにはどのような特徴があるのか。そしてこの戦争の本質は何であるのか。それに対する対応策は何であり、そこからアメリカは何を得ることができるか、などであろう。

『孫子』にこう書いてある。

勝利を占うには五つの方法がある。戦う前に、戦うべきかそうでないかを知る人は勝つ。兵士の多寡による用兵が分かる人は勝つ。上下で謀る意思が一致する人は勝つ。万端の準備態勢を備えて待つ人は勝つ。将帥が有能で君主が干渉しない人は勝つ。この五個条が勝利の道を教えてくれる。

誰もが知っていることであるが、この戦は武力で戦える戦争ではなかった。力と力のぶつかり合いなら、アメリカと越盟の戦争は成り立たないだろう。この戦争は武力により領土を拡張したり、相手を殺すための戦いではなく、ベトナム人民の心を掴み、東南アジア地域の民心を従わせるための戦だったのである。

世に知られたベトナム人民軍の戦士たちが誓った「栄誉の誓約」の九項は以下のように

なっていた。

「人民との関係においては三つの勧告に従う――人民に愛され人民と兵隊の間における完璧な相互理解を獲得するため、①人民を尊重する。②人民を助ける。③人民を守る」

共産軍は、民心を得るために戦術教理よりまず「誓約」をもって兵士たちを武装させたのである。

にもかかわらず、テイラーは軍事顧問団の派遣を進言しながら、自分の意見を加えた。

「アジア地域における大規模な戦争に巻き込まれる可能性についてはさほど心配ない。……越盟は在来式の爆弾による爆撃には非常に弱い。越盟や中国軍が野戦で強力な軍事力を維持するためには兵站補給において深刻な困難に直面すると思われるからである。共産軍隊の人海戦術による大量の反撃を恐れる理由はない」

敵の大規模な軍事力の動員は、空軍力で十分対処できるから、アジア地域での全面戦争のおそれはないと言った。ベトナム戦争はどんな性格の戦争であるか、まだどこに力点を置くべきかについては、何も言及しなかった。

もし、テイラーの判断どおり大規模な戦争のおそれがないという確信があったならば、なおさらアメリカの対ベトナム戦争は、もっと果敢な戦略のもとに行われるべきであった。

とにかくケネディはベトナムの喪失を食い止めるために軍事力の介入を決意した。この決定に従って、アメリカからベトナムに派遣された軍事顧問団はベトナム軍の末端組織の小隊にまで配置された。アメリカ軍のヘリコプターはベトナム兵士を激戦地へ送るために、敵の弾が飛んでくる中を突破していかなければならなかった。

その時もアメリカ青年たちが共産軍攻撃に曝される前に、ベトナム軍と協力して大々的な宣撫工作の計画を立て、その開始を急がなければならなかったのだ。その後に軍事介入を漸進的に行うべきであったのだ。

一方で軍事介入に反対する人がいなかったわけではない。当時インド駐在大使のゲルブレイス（John K. Gailbraith）は「ベトナムに参戦すればアメリカの輝く希望も水田に沈んでしまう」と警告した。当時、国務省の次官だったジョージ・ボール（Georege Ball）はベトナムに対する軍事行動に終始反対した人物だった。彼は一九五四年にフランスがベトナムで失敗した事実に照らし、多くの不安を抱えていたのだった。しかし軍部と政策立案者たちは積極的な軍事的介入を押し通した。

「フランスは政策上重要とされる遅延や優柔不断な愚を犯すことで軍事政策の失敗原因を作った。今の時点でフランスが失敗した話を繰り返すのは得策ではない。それよりも彼らが犯した過ちを繰り返さないのが大切である」

これは一九六四年フランスのベトナムでの敗因に対する議論が盛り上がっていたころ、合同参謀本部が当時の極東問題担当次官補であるウィリアム・バンディ（William Bundy）宛てに送った抗議文である。まさにその通りであった。その認識に立って、何らかの「努力」をしなければならなかったはずである。「政策の上の重要な遅延や過ち」などは何を言うのか。

どのように軍事力を使うのかではなく、どのように国民世論を従わせるか、どのような戦略を採択すべきかに焦点を当てるべきだった。朝鮮戦争でもアメリカの最も大きな障害物は国内の民心と世論だったし、フランスが敗退したのも戦略上の誤りがその主な原因だった。

孫子も「上下の人が計らいを共にする方が勝つ。用兵が分かる人が勝つ」と言っているではないか。実際アメリカが朝鮮戦争で得た教訓は、①アジアで二度と地上戦はしない、②アメリカ国民は長期間に及ぶ制限戦争が続くのは望まない、だった。ここで得られた教訓も戦争が長期化されれば国民的支持と世論がついて来なくなるとの経験から導き出された結論である。

国務次官補に任命されたバンディは国家安全保障会議の報告で次のように、漸進的な軍事力の行使を主張していた。いわゆる「漸進的な圧迫作戦（slow sqweeze）」である。「越盟と中国を軍事的に敗退させるためには軍事行動をとることに躊躇してはならない。ベトナムの共産化を防ぐための確実な方法である。従って海空軍の介入以外にも朝鮮戦争を上回る規模の地上軍の派兵も必要になってくる。ある時期においては核兵器の使用も考慮に入れるべきだ」

ここでも専ら軍事力を使用することに執着している。軍事力の側面に限定すれば、「緩い絞り込み」作戦の長所もある。それは朝鮮戦争と比べてみても、まず多くの面で融通がきいた。つまり相手の出方と自分たちの要求によって圧力の程度を伸縮自在に調整できたからだ。これで相手方の行動を制約し、一方では自分たちの要求を貫徹できる。事実、朝鮮戦争では連合軍の方が自らに多くの制約を設けすぎて戦争を遂行した結果、戦略的な主導権を共産側に握られることになった。

類似点はまだある。武力行使をある一定範囲内に統制したことや戦場を朝鮮半島に限定したことなどは戦略上の誤りであると言わざるを得ない。満州（中国東北地方）から飛んでくる敵の航空機が連合軍を攻撃して逃げていっても、それを追撃できなかった朝鮮戦争での悲劇は決して軽く見過ごしてはならない。このような優柔不断な戦略は戦争遂行そのものだけでなく国論まで二分することになり、戦争目的の達成に様々な障害をもたらした。

政策立案者のバンディも自分が提案した政策に対してどれくらい世論がついてくるかについて気をもんだのは事実だろう。その証拠に彼は「民主主義の影のようにつきまとう世論というアーク灯の下でどれほど実行できるかは疑問だ」と後に述懐した。

彼の表現通り世論は「民主主義の影」のようなものであるから、その場しのぎの憂慮で片付けるのではなく、それに対してもっと積極的に対処すべきだった。どうせ世論から非難されるのなら、積極的に戦闘に取り組むべきであった。

孫子に「戦いが上手な人は自分から仕掛けるのであって(致人)、相手から戦いを挑まれる人ではない(不致於人)」と言い、戦いにおける主導権の大切さを強調した。戦争においては自分たちが相手を操るもので、相手に自分たちが操られることはないと言った。

北ベトナムの対フランス戦争の英雄で、アメリカとのベトナム戦争当時の国防相だったボ・グエン・ジアプ(Vo Nguyen Giap)は、自著『人民の戦争・人民の軍隊』で次のように述べた。

「敵を操り、我々が選択した戦闘方法を採択せざるを得ないようにする。事実上ベトナムの戦場において、過去二年間、アメリカ軍は行動の自由を奪われていた。ベトナムの軍隊と人民の意志に従って戦うしかなかったのだ」

越盟が仕掛けた戦争ではあるが、その後ろには中国が控えているし、またその後ろにはソ連がいた。ソ連がベトナムでゲリラ戦を挑んできたのだ。つまりソ連が選択した場所「ベトナム」で、ソ連が選択したやり方「ゲリラ戦」に巻き込まれた。

対するアメリカ側からみれば、必ずしも戦場がベトナムであって、ゲリラ戦でなければならない理由はない。台湾もあり、キューバや東ドイツなどもある。戦争でなくても、外交手段があり裏取引もある。どうしても武力を使わなくてはならないのならゲリラ戦以外にもいくらでも方法はあるはずだ。

ソ連がベトナムでゲリラ戦を展開するようになったこと自体、アメリカとしてはまさに孫子の言う「致於人」[14]、すなわち自分たちが相手に操られる形になった。つまり相手が主導権を握ったというわけだ。だからアメリカは、戦略的に相手に押されるほかなかったのである。

「装甲車両、大砲及び航空機などの支援に基づいた第一師団の自動化歩兵戦術は非効率的であることが立証された。解放軍の賢明な戦術に直面して第一師団の戦術は多くの弱点を露出した。我々は第一師団の戦術を逆に利用して我が意図を自由に貫徹することができた。バウバン（Bau Bang）、カムセ（Camamxe）、ナド（Nha Do）、ボンチャン（Bong Tyang）などの戦闘で我々は第一師団に惨憺たる敗北を味わわせることができた」

ジアプがアメリカの軍事力を愚弄した言葉である。世界最強の火力と機動力を誇るアメリカ陸軍第一機甲師団のことである。機械化部隊を率いてジャングルに入るからこのようにあざけりを受けることになるのだ。巨人ゴリアテがダビデにからかわれるのと同じである。それほどに強力な軍事力を使いたいなら、満州や中国大陸などで一騒動起こせばよかったのである。

つまりこれが孫子の言う「致人」であり、戦略と言うものである。

アメリカが朝鮮戦争以来貫いてきた「アジアで地上戦は行わない」というのも誤った教訓である。どうして戦場で地上戦を省いて、海戦や空中戦を自分勝手に選択することができるのか。アジアで地上戦は行わないということはアジアでの戦争に勝てないことである。アメリカのような軍事大国がこんなに愚かなことでよいのだろうか。

格闘技にたとえるなら、朝鮮戦争でもアメリカは自ら手足を縛って指で戦った。共産勢力は全力で出たというのに。拳を振るうべき場面で手足を縛ったまま指先だけで相手になろうとする。これがアメリカ式の教訓である。

このことについてはジアプも正確に把握していた。

「なぜアメリカが採択したいくつかの戦術が非効率的だったのか。

周知のように戦術は戦略と不可分の関係にある。もし戦略が防御に重きが置かれて膠着状態に陥っていたら、それは逆にこれからの戦術に影響を及ぼすものだ」

これを朝鮮戦争に当てはめると、教訓はこうあるべきだ。①アジアでの戦争は拳を振れるところで戦う。②いかなることがあっても民心と世論がついてくるようにしなければならない。

だが、一九六一年ケネディとその側近たちは朝鮮戦争より「フィリピンやマレーシアの教訓」がベトナムに適すると考えて、対ゲリラ作戦を強化するために特殊部隊を設置する。大統領と彼の弟は特殊部隊のために帽子と軍靴まで選ぶという熱意を見せる。それが今日のグリーンベレー（Green Beret）の始まりである。しかし、またしてもこれが間違いの始まりとなった。選択を大きく誤った失敗のひとつである。それはその根本が間違っていたからだ。

第一、彼らが教訓にしたマレーシアやフィリピンの場合は、ゲリラ戦に長けていたために地域の共産化を食い止められたのではなく、「民心を従わせる」ことに成功した事例であるからだ。フィリピンのマクサイサイがゲリラ掃討のために対ゲリラ部隊を編制したことは事実である。かといってアメリカの特殊部隊のような高度の訓練と装備を必要とする最精鋭の部隊を組織したのではない。ゲリラにはゲリラの特性があるから正規軍にゲリラ掃討のための訓練を取り入れて、共産ゲリラの討伐に当たらせたに過ぎない。ゲリラ戦といってもそう違いはなかった。一度平定した地域の住民には宣撫工作を徹底的に施し、二度とゲリラに同調したり協力しないようにした。言い換えれば、ゲリラ戦がうまかったから勝ったのではなく、巧みな宣撫工作で「民心を従わせた」から成功したのである。

フィリピンを教訓にしたのは良かったが、その適用が間違っていた。つまりアメリカが対ゲリラ戦のための特殊戦専門部隊を創設したのも正しい解決策ではなかったのだ。

ゲリラは毛沢東が言ったように「魚と水の関係」が成立してこそ効果的である。少なくとも現地住民とは信仰・血縁・理念などの何かの共通性がなければならない。ここに照らした場合、国籍や民族が違う地域でゲリラ戦は成り立たない。

歴史的に成功したのは、ソビエトのパルチザン（第二次世界大戦中のドイツ軍に対抗して戦ったソビエトのゲリラ）、フランスのレジスタンス、キューバのカストロ、越盟の南ベトナム民族解放戦線、中国の毛沢東などは自国の民衆に支持された。すなわち住民を従わせることができたからゲリラは成功した。

このような根本的なゲリラ運用を無視し、単純にゲリラにはゲリラという考え方は間違っている。これこそが孫子の言う「不致於人」である。

ベトナム戦争当時、アメリカの特殊部隊が現地山岳民族を包摂し、あちこちに基地を設置してゲリラ作戦を展開したことがある。これがどれくらい効果を上げたかはアメリカの陸軍がよく知っているだろう。

グリーンベレーこそ、訓練・装備などあらゆる面においてプロ中のプロだった。そのような世界の最精鋭部隊をして、絶海の孤島のような山頂で、またジャングルの中で、現地山岳民族と幾匹かのシェパードを連れて孤独に戦わしめたのだ。はじめから、彼らの実力が発揮されるはずがなかったのだ。グリーンベレーほどの実力なら、彼らに越盟の本土にある捕虜収容所あるいは核心軍事施設などを奇襲・攻撃させたほうがましだった。彼ら世界最強のグリーンベレーは払った苦痛と犠牲に比べて、はたして何を得たのか。専門家と当時の担当者がよく知っているだろう。

どうせ兵力を動員しなければならない状況だったのなら、グリーンベレーで対応するよりは、初めから大部隊をもって、トンキン湾に上陸すべきだった。地域情報や住民の協力などゲリラ戦に有利な立場にある相手がゲリラを送ってきたからと言って、こちらも遊撃部隊で対応するなら、既に主導権は相手に渡されるはずだ。たとえば、指で闘う技に優れた相手が指で攻撃してきた時に、こちらも指で対応すればどんな結果になるのか。

相手に勝つためには、拳や足など相手より優れている長所を生かして、反撃しなければならない。闘う場所もより広くて有利な場所に移すべきだ。これこそ孫子の言う「致於人」である。

一九六四年ジョンソン大統領はマクナマラ（Robert. S. McNamra）とマクジョージ・バンディ（McGeorge Bundy：一九一九―一九九六）をベトナムに派遣して現地状況を再検討させた。ベトナムから帰ってきた二人は越盟爆撃に賛成するとの報告書と共に以下のような意見を加えた。

「成功可能性を正確に判断することは難しいが、二五から七五パーセントの間になるだろう。ここではっきり言えるのは、もしこの作戦が失敗に終わるにしてもこの政策は実行する価値があるということだ。なぜなら作戦がどんなに悪い結果をもたらしたとしても、私たちはやるべきことをやったのだから、少なくとも仕事に怠慢だったという非難からは逃れることができる」

こんなにいい加減なことがあってもよいのか。「実践する価値があるか、否か」は信念と判断の問題であるからしかたないが、「怠慢の非難から逃れる」ためにやるなら、はっきり言って、これは戦略や政策ではない。ごまかすための単なる政略に過ぎない。

彼らは一九四九年中国大陸を喪失した当時、民主党に対する非難が今でも続いていることを思い起こしたに違いない。ベトナムの問題も同じ線上で、もし万が一でも失敗した時に受けるかもしれない非難と責任逃れを考えていた。

戦争は冷酷なものだ。戦争を遂行する人が戦争の本質そのものを見通せず政略に気を取られているとしたら国家にとってこれほど不幸なことはない。

とにかくジョンソン大統領はこの時期から「緩い締め込み作戦（slow squeeze）」の採択を決定した。越盟に対する限定的な爆撃を許可する一方、数個の地上戦闘師団も派遣するよう命じた。続いて六月には必要に応じて十二万五千人までは地上軍を派遣できることを承認した。

このようにしてアメリカはベトナム戦の泥沼にはまり込み始めた。そしてアメリカは建国以来の例のない屈辱的な敗北を喫した。それもアジアの片隅にある小さな発展途上国にである。

まず北爆は、選択をあやまったのではないかという気がする。勿論、ベトナム戦争に参加した参謀総長らは、越盟の「意志と能力」を破壊するためには、「決定的な打撃」として北爆が最上の方法だと主張していたが、越盟の意志と能力を破壊する方法がハノイ爆撃以外に何もなかったのか。
これに対するジアプの見解は明白であった。

「空軍力の使用が戦場の勝利を決定するという空軍力信仰の主張も破綻した。北部でアメリカ空軍は深刻な打撃を被った。様々な形態のアメリカ軍機二千三百機余りがベトナム北部上空で撃墜された。アメリカ軍の飛行機や爆弾、弾丸は我が人民を脅迫することはできなかった」

意志と能力を破壊するためなら、ハノイ爆撃ではなくて他の方法を選択したほうが正しかったと思う。「孫子」に「まず敵が大切にするものを奪うと、相手は従うようになる」という言葉がある。すなわち敵が「もっとも大切にしているもの」を選んで攻撃すべきだったのに、そうしなかったため相手がいうことを聞かなかったのだ。つまり本当に「意志と能力」を破壊しようとするなら北爆ではなく相手の急所（痛いところ）であるトンキン湾への上陸作戦を展開した方が正しかったのだ。そのうえ空中爆撃はハノイの罪のない民、すなわち非戦闘員に苦しみを与えるのみで、実に得るべき民心をかえって失うことになってしまったのだ。

歴史的に見た場合、空中爆撃は戦術的には非常に効果的である。にもかかわらず、政治的な目的の達成にはそれほど大きな役割を果たしていない。

例えば、第二次世界大戦中イタリアのムッソリーニがエチオピアに加えた爆撃、スペイン内戦の王党派の爆撃、日本の中国爆撃、ヒトラーのイギリス空爆、連合軍のドイツ空爆、そして朝鮮戦争などをあげることができる。

どの例も、空爆は政治目的や意志を鈍らせてその能力を破壊するかという点で、決定的な手段にはなり得なかった。例外があるとすれば、日本に落とされた原子爆弾が政治目的を達成した唯一の成功例とでも言えようか。しかし日本の場合、当時の状況から、それが「決定的な打撃」にならざるを得なかった。

それに比べ、ハノイに対する通常的な爆撃は決定的な打撃にもならなかったし、その「意志」を止めさせるためにも何の効果もなかった。むしろ国民的な反感を買い国際的な世論を悪くするばかりだった。さらに、対するハノイの指導者たちは一層戦意を固くし、国民的な団結を高揚させるなどマイナス効果ばかりが目立った。

実際、第二次世界大戦中イギリスやドイツなど敵の爆撃を受けた都市の市長らは敵愾心を高揚させるなどして、公然と最後まで戦うことを主張した例が多い。イタリアの場合も爆撃の被害を被った北部州の知事らは最後まで戦うことを主張した反面、唯一ナポリ市長だけは一日も早い戦争終結を唱えて平和促進陰謀に加担した。そのせいかナポリは唯一空爆を免れた都市だった。

ハノイの場合、空爆は広がる一方だったが、最初の意図とは裏腹に国民の戦意を高揚させるだけでなく、世界に対する絶好の宣伝材料を提供するばかりだった。本当にハノイの意志を挫くつもりであるなら、文字通り「決定的な打撃」を加えなければならなかった。それも可能な限り、都市を狙って非戦闘員まで殺傷することになる空爆の手段に依存しないのが上策であり、言わば戦略である。

『孫子』に「**全て戦争する方法は敵国を完全な形に保つのが最上の方策である**」と書いてある。既に二千年も昔に戦略家の孫子が言った言葉である。結論としてはハノイに対する空爆は行わない方が良かった。決定的な打撃を加えたければ、先にも言ったようにトンキン湾に上陸すべきだった。そしてハノイへと進撃する態勢を見せることだった。

合同参謀本部が主張した「決定的な打撃」とは、日本に対する原爆の投下、トンキン湾上陸、もしくは北京空爆など、相手が自分たちの側について来なければならない状況、または相手の意志を完全に無力化させる決定的な手段でなければならなかったのだ。

「勢いよく流れる水に石を浮かび上がらせるのは気勢であり、鷹が飛びついて鳥の首を折るのは節度である。戦争がうまい将帥はその気勢が険しく節度は短い」

と孫子は言っていた。

決定的な打撃は鷹が疾走するようなもので、狩りに臨んでは餌になる鳥の首を折り羽を挫くことを言う。そしてその「節度」が短いというのは、打撃の時期が迅速かつ適切であることを言う。

血を流すと決めたからには、武力の行使は「山の上から石を落とす」ような勢いでなければならないという。それくらいの覚悟がなければ事態解決のために軍事力に訴えてはならない。

「上手な戦のやり方というのは、先ず敵の計略を破る。次は外交関係を攻撃する。敵を攻撃するのは最後の手段である」

孫子の教えである。アメリカの場合、最後に行うべきである敵に対する攻撃に最初に手を染めた。自由世界にとってアジアが荷物だというなら、共産世界にとっては中央アジアや東ヨーロッパが大きな荷物だったに違いない。また共産陣営においてはアフリカやキューバは非常に重要な拠点だった。誰にでも弱みはあるし大事にするものがあるはずだ。

『孫子』にこんな一節もある。

「上手に敵を攻める将帥は自らの態勢を敵に見せることで敵が必ずこれに従うようにさせる。利益を与えればそれを取りに攻めて来る。利益で敵を動かして我が軍にはこれを待たせる」

これに反して、ベトナムでソ連がゲリラ戦の様相を見せると、アメリカは直ちに手荒い軍事作戦で対応した。「示された態勢に対して釣り込まれる」格好になった。ソ連の方は必ずかかってくると確信して「待っていた」。これでは苦戦を強いられるのは目に見えている。ソ連がこちらを引き込むために「態勢を見せた」際に、アメリカは軍事力で対応しないで他の方策で張り合うのが望ましかった。やむを得ず戦うしかなかったなら他の対応策を探すべきだった。

『孫子』にこうある。

「敵の兵士が隊伍を整えて攻め込んできたらいかに対処しますか」と聞かれたら、私はこう答える。

「先ず敵が最も大切にするものを攻めれば、敵は我が方の言いなりになる。兵法は迅速第一だ。敵が気付かないところを打つ。予想しない道に進む。警戒しないところを攻撃すべきだ」

アメリカは「敵が愛するものを奪い、敵の力が及ばないところに進む」べきだった。ベトナム以外にも敵が愛して大切にするものは世界各地にある。またアメリカには敵が到底及ばない「拳」がある。

かつて孫子は戦争の本質についてこう言い残した。

「勝たせない方法は我にあり、勝てる方法は敵にある。従って戦に長けている人なら敵が自分に打ち勝てないようにはできる。が、うまく敵に勝てるという保証はない。つまり、勝てる方法は知っているが、必ず勝つとは言えない」

戦争の本質について最も正確に見通した言葉ではないかと思う。

「負けないことは可能だが、勝つことはできない」

我々は彼我を問わず人間であることには変わりない。長所も短所も併せ持つ。しかし互いの命と国家の存亡がかかる戦争とくれば、少しでも軽く見過ごすことはできない。彼も最善を尽くし、我も最善を尽くした。互いに恥も不足もない。互いに天命にも通じ得る誠意を尽くした。つまるところ戦争には勝者も敗者もないのではないか。我々は無駄な血を流したことになる。だから戦争というのは戦わずして勝つことが上手なのである。

もちろん現実の戦争においては勝ち負けはつきものだ。互いにいかなる失敗もなく本当に全力を注いで戦ったなら、その結果はどうなるか。「負けてはいないが、勝てなかった」、つまり「勝てる保証」はない。

過ぎし日に米ソ・両国が遂に熱戦に突入しないまま、終始冷戦ばかり続けて行かなければならなかったのもまた、孫子の教えからその所以が見つけられるのである。

過去の冷戦体制が熱戦を勃発させて、もし米ソが戦争を始める事態になっていたら今の世界はどうなっていたであろうか。ニューヨークは廃墟になり、モスクワも灰と化したに違いない。核による被害は米ソ両国に限らず、ともすると人類全体の存亡にかかわる問題だったかもしれない。

この点では戦争の引き金を引かずにソ連を倒したレーガン元大統領はアメリカ史上最も

偉大な人物であり、史上最高の戦略家でもある。

二度の世界大戦を経験した世界はどう変わったのか。戦争を仕掛けたドイツや日本は何を得たのか。戦闘員と非戦闘員を問わず互いに殺し合う必要があったのか。軍需施設の破壊を理由に罪のない民間人まで空爆に巻き込んで犠牲にする必要があったのか。

ドイツ観念哲学の影響を受けたクラウゼヴィッツは敵兵の殲滅、決定的な会戦の重視、総力戦など、いわゆる絶対戦争を唱えて現代軍事思想を体系化した人物である。彼は『戦争論』という名著で「敵を完全武装解除させるか殲滅させるかが戦争の目的」と定義した。また「戦争哲学に中庸の原則は誤りで、戦争というのはひたすら極点に進む暴力行為である」と主張した。彼の主張はコストと生命を無視する力の論理である。そして憎悪の論理が過去一世紀の間の軍事思想を支配する中心テーゼになった。

このように戦争を力比べや相手の息の根を止めなければならないものと捉える戦争観のために、無駄な血を流し、人類の悲劇を極大化させてきた。

孫子の兵法によれば、戦争は単純な軍事力の正面衝突ではなく永遠の宇宙の中で生を営む人間のやむを得ない「業」であると捉えている。それゆえ「戦わず勝つ」のが戦争であると考えたのである。

つまり孫子の戦争思想を整理すれば、こうなる。

戦争というのは互いが最善を尽くせば、「負けないが勝てない」。したがってできることなら、血を流す戦いは止めて「戦わずして勝つ」ことである。勝つためには「己を知って相手を知る（知彼知己）」、手足を使うよりは頭を使って（伐謀、伐交）主導権を握る（致人）。

やむなく戦わなければならないなら、「敵が大切にする所を奪う。敵の考えが及ばない方法と道で迅速に攻める」。その時は「絶壁から石を落とす勢いで、鷹が獲物の首を折るような節度」で攻める。「その時期に合わせて敵を破る」ことである。

一九七三年、南ベトナムは完全に滅んだ。越盟軍の攻撃が始まったのは四月二十六日、サイゴンから八〇〇キロも離れた中部高原からだった。そしてサイゴン陥落は四月二十九日、越盟軍が進撃する速度も速かったが、南ベトナム軍が滅ぶ速度はもっと速かった。

戦いは終わった。アメリカの顔に泥が塗られた。アメリカの自尊心に深い傷跡を残した惨憺たる敗戦だった。しかし、太平洋に依然としてソ連と中国とベトナムを合わせた力より遥かに大きなアメリカの軍事力は健在だった。

本当に不思議な戦争だった。しかし実のところ、奇妙なものでもなければ、起きてはならないことが起きた訳でもなかった。ただ起こらざるを得ないことが起きた。

孫子が言った、一種の戦わずして勝つような戦であった、と言うことができる。もちろん力比べで多くの血を流した戦だったが、考えてみると、互いによる「愛するもの」の奪い合いだった。一方は民心であり、もう一方は領土だった。

越盟と南ベトナム民族解放戦線は「ベトナムの民心を引き付ける」ために戦った。アメリカは「土地（東南アジア）を守る」ために戦った。

越盟と南ベトナム民族解放戦線はアメリカを相手に苦戦を強いられたが、やってみる価値のある戦いだった。相手は自らの手足を縛って戦ってくれたからだ。そのうえ自分たちが選んだ場所で、自分たちが選んだ方法で相手になってくれた。

これに対してアメリカの事情は異なった。五万七千人もの若い貴重な命が散華した。負傷者は言うまでもなく、一人一人が愛する我が子であり、愛する我が夫だった。一つの町で何軒もの家が葬式を挙げることになった。地球の反対側のジャングルで愛しい我が子の戦う姿がテレビに映し出された。私たちとベトナムのジャングルに何の関係があるのか、と家族が疑問を抱くのも当然のことだった。しかも勝てそうもなく出口が見えない戦いだった。各地で反戦運動が起こった。

アメリカはジャングルに押しやられ、世論からもソッポを向かれ板挟みにあった。戦争を知らず、東洋をあまりにも知らなかったからだ。

「ベトナムに対する鎮圧の歴史は崩壊した計画の歴史であり、優秀な顧問官の絶え間のない努力も空しくゴミと化した歴史である」

七三年六月一日のＡＰ通信の現地報道である。

戦争の本質を理解し、戦略概念の正しい設定がいかに大切かについて改めて考えさせられる。

「戦争で地上軍は決定的な役割を遂行する。にもかかわらず、アメリカの地上軍の戦闘力はあまりに劣悪で、彼らの士気もひどいものだった。戦闘方法も未熟だった。その上、将官たちは主観的で傲慢だったので、いつも奇襲作戦に引っ掛かって敗北していった」とジアプは付け加えた。

しかしこれは戦闘部隊の間違いではない。政策を立案し戦略を樹立する人の誤りである。万事は時と場合によって相手があるものだ。狭い部屋に長い槍を持ち込めば短剣に勝てない。戦車と爆撃機をジャングルに持ち込んでゲリラと戦ったのだから戦闘力が発揮できなかったのは当然だった。

アメリカの将官が傲慢で主観的だったかは知らないが、根本的には指導者や政策立案者が自分の頭脳を誇示したあまり、戦争指導を誤ったせいである。世にありがちな「秀才の悲劇」である。彼らの誤った判断が世界最強の軍隊を戦闘力の劣悪な部隊に、また戦闘もろくに知らない軍隊に格下げしたのである。状況が把握できた時は、もはや戦に敗れ、アメリカが払った犠牲は余りにも大きくなってしまったのである。

「その職にいなければ、その案件を処理してはならない」

孔子の言葉だ。その職に就いていない筆者が言い過ぎてしまった。これも勉強の一環として言ったに過ぎないので、了解していただきたい。

(12) 尭は許由に王位を譲る提案をした。彼はその声を聞いた耳を川で洗っていた。その時、川で馬に水を飲ませようとした友達の巣父は彼が耳を洗った所より上流に上って馬に水を飲ませたという。

(13) ピッグス湾事件　一九六一年アメリカのケネディ大統領就任直後に起きた事件で、アメリカのCIAによるキューバの共産主義政権の転覆をはかった侵攻事件。完全失敗に終わった。

(14) 善戦者　致人而不致於人（『孫子』、虚実篇）

第五章　畏　天

一　生命の根源

黄金比、黄金分割というものがある。古代エジプト時代やギリシア時代からよく知られている幾何学的な特別な比例関係のことである。

次の図1の三つの四角形の中から人々にもっとも好まれるのは　の長方形である。

なぜ人々にはこの形が好まれるのだろうか。ａとｂの線の比率が一・六一八対一（ａ＝ｂ×一・六一八）になるからである。そこにはどんな意味が含まれているのか。この比率は人間の美的感覚をもっとも充足してくれるからだ。なぜ充足してくれるのか。それが一定のリズムをもっているからである。ここで言うリズムとは即ち生命の根源的現象と同じものである。

即ち、次の図2から四角形のＡＢＤＣを結ぶ二つの辺が黄金比一・六一八倍の比例関係にあるとすれば、図の長い辺（ａ＋ｂ）は短い辺ａの一・六一八倍の関係になる。従って同じ性質の大きい長方形を求めるためには、簡単に長方形の四角形ＡＣＦＥをつなぎ合わせれば完了する。反対にＨＧＤＣを取り除けば、同じ性質の長方形のＡＢＧＨが得られる。

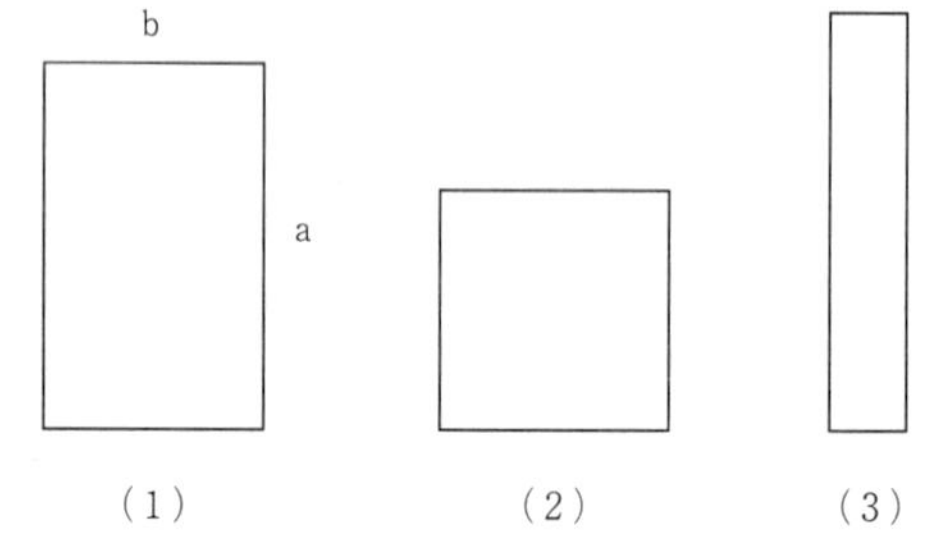

図　1

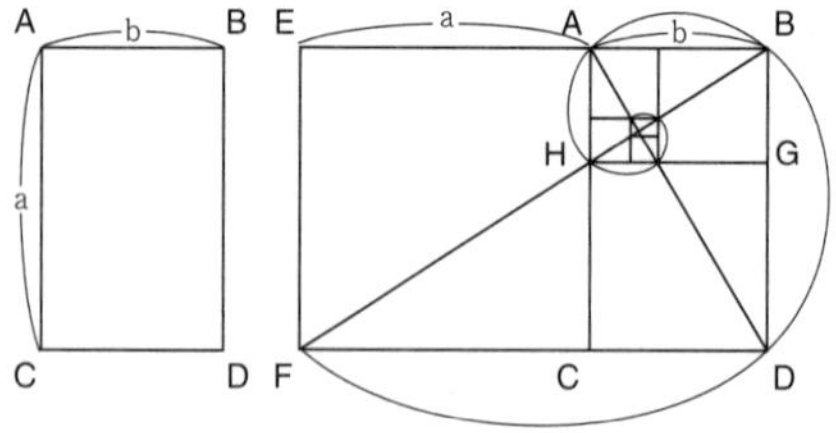

図　2

ここで大事なのは、同じことを繰り返せば、同じ性質の長方形の四角形を永久に作り続けることができるということだ。目にも見えない小さい四角形から無限大の四角形までである。

ここで描かれる長方形の点を円形で結んで行くと、図2で見るような、ある螺旋形の曲線が引ける。この曲線は一定の曲率を持つ無限螺旋曲線になる。

この螺旋曲線はサザエの貝殻の螺旋形とも一致する。あらゆる地上植物の中のヘリオトロピウム種や松の木や毬果植物（**coniferopsida**）の種も同様に螺旋形の曲線構図が成立することが分かる。植物や木の幹に生えている葉っぱの生え方も同じ比例関係を持つ偏差角に並んでいることが植物学者たちによって明らかになった。後に、このような並び方は植物が太陽からエネルギーを最も効率よく受けられる角度であることも明らかになった。

つまりφ＝一・六一八八という比例関係は生命現象の秘密の一つであることが分かり、私たちが美意識などと意識しなくてもこの比率に心が引かれるのも、はるか遠い昔、生命がこの世に誕生した時、同じ根源とリズムによって生まれたからであろう。そのことから古代ギリシアやルネサンスの画家たちはこのφ比率を人体にも適用している。最も理想的な人体の構造は、背丈がちょうどへそのあたりで、φという比率になるように分けられるものと考えた。

後の科学者たちによって明らかになったことが、卵の形、または地球上の正五角形の生物（植物の花、種等）もϕの比率に一致していることが明らかになった。鉱物などに見られる結晶体も一定の比率と構成を規則正しく表わしている。驚いたことに、鉱物の結晶体には正方形・三角形・六角形などは存在するが、五角形は絶対に現れないという。

さらには、ギリシアの歴史家ヘロドトス（Herodotus：ＢＣ四八四―四二五）の記録によると、古代エジプト人の場合も生命現象に対する深い理解があったようで、エジプトの大ピラミッド（ギーザのクフ王のピラミッド）を建設する際にもϕの比率を適用したと書いてある。それによると、「一辺の長さをピラミッドの高さと同じくする正方形は側面三角形のそれぞれの面積に一致する」という事実をエジプトの僧侶が教えてくれたという。

生命の根源まで掘り下げいくと、そこには動かざる法則、つまりリズムと調和に出会うことができる。

あらゆる因縁と関係と力の作用が、ある時完璧な調和を成した時、そこに神（愛）の手が加えられて驚くべきリズムが始まる。これが生命であろう。そこで始まった生命が三十億年もの歳月を経て今日まで受け継がれている。ここでいう生命はアメーバも植物も魚も人間までも言い、その本質はリズムであり、愛であろう。生命はそれ自体が完璧であり、美そのものである。

人間が黄金比から喜びを感じられるということは生命の彼方の記憶に埋もれたリズムを感じ、そのリズムが生み出す「φ」に共感するからだ。だが、困ったことに、人間が人間を見る時は、美と向かい合う時とは違った反応を見せるのが問題である。おそらく、純粋な美的対象を前にし、相手が美そのものであれば私たちの感覚も受け入れやすいが、生物体が対象の場合は、生命体の奥深くに潜んでいる調和や美を直接見ることができないからであろう。もう一つ考えられるのは、単純に美的対象は静的なものであるのに比べ、生命体は動的な対象であるため、その躍動感が私たちの感覚だけでは生命体の本質を認識しにくくしているということだ。

しかし、指導者になるためには、少なくとも生命体を対象にした時のように、見る・聞く・嗅ぐ・感じるなどの五感の感覚で人に接してはならない。なぜなら人間の五感に頼っては生命体の中に潜む本質を正しく見ることができないからである。

もし指導者が人間の本質の中に潜んでいる美しさと完全性を認識していれば、空しい戦いなどは起こるはずがない。ましてや人々を悲劇に陥れることなどできはしない。生命の本質が愛であることを知る指導者が、また人間を愛することができる指導者が生命を粗末に扱うはずがないのである。

指導者の目が眩み、世を見る正しい目を持たないことに問題がある。

阿頼耶識《あらやしき》という言葉がある。仏教でいう最高の意識の境地を意味するもので、宇宙の本質・生命の本質を認識する意識の境地のことである。生命体を眺めて、その本質まで探ろうとするなら阿頼耶識の境地にまで至らなければならないという。平々凡々な私たち人間がそれほど高い境地に至ることはできないにしても、指導者たる者までが欲望の淵、つまり欲界に止まっていてもよいものか。

ここで勧めたい方法の一つに瞑想がある。瞑想は心を静めることから始まる。心を清める。あらゆる雑念を振り落とす。

「流れる水は鏡にならないが、静かに止まっている水は鏡になる」

荘子の言葉である。静かに止まっている水を思いながら心を静める。明鏡止水と言うではないか。静かな水、透明な鏡のように心を清める。そして目を軽く閉じて心の目を開ける。私たちの五感も断ち切って深い潜在意識の世界へ入る。もっと深く入ればそこに生命体が共有する集団無意識の世界が広がる。そこには私のみが存在するのではなく、私たち皆がいる。また日々新しくなろうとする宇宙的流れが存在する。そして生命の調和とリズムの中についには偉大な愛（神）を感じ取ることができる。

ベルクソンがかつて「創造的エネルギーは愛であると定義しなければならない」と言ったのも訳があるに違いない。

指導者は沈黙と瞑想を通じて、静かな心を取り戻す能力を養わなければならない。

そのためにチャーチルは時間が許せば下院会館の防音装置が施された部屋で一人で過ごすことを楽しんだというし、ド・ゴールは執務室の電話のベルを鳴らなくしたという。モンテーニュは書斎で、デカルトは暖かい暖炉のある自分の部屋で、ケーニヒスベルクのカントは自宅でそれぞれ静かな心で思索と瞑想にふけったのであろう。

昔の諸葛孔明が我が子に「静かな心で身体を修養し――安らかな心と静かな心を持てば考えが遠い境地にまで及ぶ」と教えた。

静かな心は逆に美の追求からも得られる。美という完璧なリズムに心酔し、完全な調和に「三昧」することだ。ここでいう三昧とは「読書三昧境」などという時の三昧である。それは本と私が一体になることである。

完全な調和に「三昧」し、完璧なリズムに心酔するということは何を意味するのか。調和と私が一つになることを意味する。リズムの中に私が入り込むことではないだろうか。それは私たち生命の遠い記憶の中に刻まれた私たちの因縁と愛を悟ることである。

「詩から興趣を感じ取り、礼儀を身につけ、音楽で自己を完成する」とかつての孔子も言っていた。完全な調和はどこにあるのか。心打つ詩と正しい礼儀をおいては他に見つけることはできないだろう。完璧なリズムはどこにあるのか。美しい音楽から求めるのもよい。それを「正しい道を目指し、我が身に修めた徳を根拠とし、諸徳の中で最も重要な仁に寄り添って、芸に遊ぶ」と孔子は言った。美しさの追求は生命の本質と宇宙的運動を悟らせる道であり、それがやがては偉大なる神の意に従う道でもある。

二　魂を鳴らす

『菜根譚』に「縦欲《しょうよく》の病は治せるが、執理の病は治せない」とある。縦欲つまり私利私欲は何とかなるが、執理つまりあれこれ言い訳をつけて我を張る病はなかなか治せないという意味である。縦欲の病気もなかなか治らない病気ではあるが、本人が何かの機に気づいたり周辺の事情が変わったりすれば治すことも可能である。

それに比べ何事にもあれこれ言い訳が多く、自己主張ばかり強くて人の意見に耳を貸さない執理の症状は治りにくい病気であるという。これは第四章で言った「見濁」であり、仏教で言う「見取見」である。

一般的に、偉そうな人、原理主義者などと呼ばれる人に流行る病気があって、時に多くの人々を不幸に陥れることが問題である。

歴史上多くの戦争があったが、そのなかでも無謀で無理を通してでも戦争を遂行した国として戦前の日本を省くわけにはいかないであろう。アジアで最も早く開明したと言われる日本が、なぜそのような汚点を残すはめになったのか。

戦争を指導した人たちが執理に陥っていたからだ。後に国内の軍事専門家からも指摘されたように、いわゆる「秀才の悲劇」である。これは陸軍大学校の優等生が陸軍の組織を支配したことから始まった悲劇だった。学業を重要視しないわけではないが、学校の成績で将来の指導者を選んだことは日本のためにも不幸だったし、歴史的にも明らかに悲劇だったと言える。

第二次世界大戦中のガダルカナルの戦闘から、サイパン玉砕、インパール作戦など旧日本軍部の良識を疑うような無謀な戦闘は一つや二つではない。その中でもインパール作戦は、日本軍の伝統から見ても絶対にあり得なかった重大な抗命事件が発生するという汚名を残した。

インパール作戦とは一九四四年一月から七月にかけて日本軍の第一五軍指揮下の三個師団がビルマのコヒマの占領を試みた戦闘である。この作戦で日本軍の三個師団五万名がビルマのジャングルで壊滅に至った。戦争というのは元来人間が人間を殺す行為であるから、犠牲者が出るのは当然であるが、この戦闘では戦って散華した兵隊の数より、戦わずに飢え死にした兵士の方が多かったことに問題の深刻さがあった。

一人の無謀な指揮官の執理がそのような無残な戦闘を引き起こしたのだ。第一五軍司令官の牟田口廉也の誤った指導のためである。

この作戦は補給の問題などから始めから実行不可能とされ、多くの反対意見が提起されたが、牟田口は当時の総理大臣、東条英機との個人的な親交まで持ち出して作戦の実行を無理やり押し通した。初めの段階から作戦以外の問題が入り込んで事情を一層複雑にした。

作戦が開始されると、予想通り補給の問題が待ち受けていた。戦闘に必要な弾薬を始め兵士のための食糧補給まで途切れてしまった。『太平洋戦争』を書いた山岡荘八は作戦に参加した第三一師団の兵士たちの惨状を次のように書いた。

「司令部を出発する前に隊列を整えると、どの兵隊からも兵士の姿を見ることができない有り様だった。服装が粗末であることをさしおいても、ほとんどの兵士は軍靴を履いていなかった。ゆがんだ銃を大事そうに抱える者、袖口を裂いて戦友の遺骨のかけらを抱える者、大きな葉っぱを上衣代わりに肩にかけている者――。皆意志一つでやっと生き延びていた」

次は第三一師団の参謀長が第一五軍の参謀長に哀願する場面である。

「ご覧のように、兵士は皆裸足で、半分は病人で――、先ず食糧と靴の補給がなければ兵士として使い物になりません」

これは、第三一師団が軍司令部の命令に忠実でないという理由、参謀長が督戦のために直接現場視察に出向いた際の場面である。小説にでもありそうな光景が現実として目の前で繰り広げられている。

だが、軍司令官の牟田口は耳も貸さずに、「不可能はない。不可能を可能にせよ」と無理な要求を繰り返した。

傘下の第三一師団長の佐藤幸徳は状況を見かねて軍司令官の命令に背いて師団を率いて後退を敢行した。

軍司令官の命令通りに前進を続けることは全滅を意味するからだった。わずかに生き残った部下の命を救うためには抗命するしかないと判断した。軍人における抗命は銃殺である。

これが戦後にまで議論を呼び起こした有名な抗命事件の顛末である。

次は師団長の佐藤が督戦に派遣された軍司令部の高級参謀に罵声を浴びせる場面だ。

「お前に何が分かるというのだ。参謀とは名ばかりで。サカンではお前にあれほどに念を押したではないか。腹がへっては戦ができないと。人間は飯を食わないと死ぬものなのだ。これは神様の言葉だぞ。人間は飯を食うように生まれたのだ。飯を食ってこそ兵隊は戦に忠勇な兵士になれるのだ。なのに飯を食わせずに戦に駆り立てる――。そんな戦術をお前はいったいだれから習ったのか」

にもかかわらず、軍司令官の牟田口は相も変わらず強引な命令を下し続けた。

「弾薬と食糧が尽きるまで任務を続行せよ。手を失えば、足で戦え。手足を失ったら歯をもって敵に挑め、命が尽きたら精神をもって戦うのだ。武器がないというのは敗北の口実にはならない」

ここまで来たら師団長の佐藤が上の作戦命令に抗命したのも理解できる。

『史記』に大将が国外にいたら君命に従わないこともある「将在外君命有所不受」（『孫子』の九変編にも同じ話がある）と書いてある。

「私は部下に不可能を可能にせよ、などとは言わない。私の場合は可能なことを可能にする。必勝を不敗にはできる。戦場で必勝などはない。戦場というのは腹八分と同じことだ。

十の力があるとすれば八の力を要求する。十の力しか持ち合わせていない者に十二を要求することは、要求する側も失望するし、要求される側も玉砕など愚かな行動をする。玉砕よりは負けない方が重要なのではないか」

師団長の佐藤が参謀に下した訓示である。理のある言葉だと思う。彼は良識がある指揮官に違いない。

また彼はこうも言ったとのことだ。

「だいたい全軍玉砕などという行為は、こちらが向こうよりも野蛮で知能が低い証拠だ。現地の指揮官は現場で死ぬが、そのような結果をもたらす作戦を立案して命令を下した者が割腹したとは聞いたことがない」

そもそも当時、玉砕を美化していた日本軍部の幹部の口からここまで踏み切った言葉が発せられたこと自体が驚きに値する。

軍隊という組織が存立できるのも軍規というものがあるからである。軍規というのは規律であり、秩序である。それより重要なのは上下関係をまとめる精神的なつながりである。それがあってこそ指揮官はためらわずに兵士を死地に向わせることもでき、兵士も迷わず死地に飛び込むことができるのだ。

服も靴もなく食糧さえないところで軍隊がどうやって存立できるのか。またそのような逆境からどうやって規律と秩序を守りながら撤退を遂行できたのか。
筆者にはこれが疑問として残る。
戦争において、攻撃より難しいのが後退作戦であると言われている。特に不利な立場に追い込まれて補給も途絶えてしまったら、その部隊は瓦解してしまうのが常であった。だが、師団長の佐藤が参謀たちに言ったと伝えられる次の言葉は私の疑問に答えてくれた。

「私は尊敬する佐藤海軍中将の愛弟子である。師は私にこうおっしゃった。『いかなる場合にも功績を挙げることを考えてはならない。ただ任された任務を全うすることに専念せよ』というのだった。生死を超越するのはむずかしくない。だが、栄辱を乗り越えるのは至難のわざである。諸君が司令部の机の上で手柄を立てようとすると、戦線の兵士は必ず泣く。ご覧のように、私は桜の印を左胸につけている。私も一人の兵士であるからだ。諸君が手柄を争って兵士を泣かすようなことがあったなら、私は断固として諸君と争う」

「桜の紋章を左胸につけた兵隊」と彼は言った。実際、彼は桜紋章を左胸につけていたという。日本軍の規定では将校は右胸に桜紋章をつけることになっていた。兵士は左胸と決まっていた。

そして「手柄を立てようとすれば兵士は泣く」と言った。

部下への愛のなんと深いことか。

孫子は兵書でこう言っていた。

「戦闘命令が下った日、座る兵士の涙は襟を濡らし、横たわる兵士の涙は頬に流れる」

戦場における兵士の心理を的確に描いた表現である。

兵士は隠れて泣くという。怖さで震え上がるに違いない。それが人間だ。将（指導者）なる者はそのようなことを知っておかねばならない。そのゆえ、孫子はまたできれば戦いは避けるのが得策だとも言った。


つまり、百回戦って百回勝つのが最善ではない。戦わずして敵を下すのが最善の方法である。

孫子も兵法家である以前に一人の人間であり、また指導者として人の心を見つめ世を正しく見つめていたのである。人間の属性から戦いは避け難いものであることは受け入れるが、避けられるなら避けて通りたかったし、やむなく避けられない場合にも何とか戦わずに勝てないかを考えなければならなかった。

「河（宇宙）がたゆまず流れて行く」ように、生命も世に出ては死んで行く、死んでも再び生命は生まれ大きな流れを成して流れて行く。勝ったり負けたりというのも実のところ、万物が世に生まれては死んでいくことと何が違うというのか。愛の完成を究極の目標としてゆっくりと流れて行く生命の流れは、勝つ者も負ける者をも皆抱え込んで流れて行く。

戦いとは本来人間の為す業の所産である。その中で、特に上に立つ者の間違った考えと目が眩んだ指導者の為す縁起の所産である。

どのみち避けられない戦であるなら、血を流さないで戦に勝つのが将（指導者）なる者の役目である。どんなに戦が人間の業であるにしても、涙で襟元を濡らす民が可哀想ではないのか。真の指導者なら初めから涙で襟元を濡らすようなことをやってはならない。やむを得ず避けられない戦にでも「敵は下すが戦わない。城は落とすが攻めない。敵を倒すが長期戦はしない。必ず穏健に天下を争う。戦力は鈍くするが利益は完全に保つ。そのためには計略で攻撃する方法しかない」と、孫子は考えたのではないか。

最後まで戦わず勝てるように知恵を尽くす。必ずそのようなことができると信じてその方法を見つけだすのが指導者の役目である。

それでも避けて通れない事情でやむなく血を流す戦になったらどうするのか。

「戦のうまい将は、勝機を気勢から求めるのであって人間から求めるのではない」

孫子の言葉である。

その気勢とは何か。「気勢とは流れる水が石をも浮かべるようなこと」と孫子は言い切る。重い石をも浮かび上がらせる水の流れの勢いをもって戦うべきであって、人間の力で戦ってはならないという。どのみち流すのは血である。血を流す戦は避けられなくなった。戦を回避するための方策も尽きた。なにもかもが意のままにならなく誰かが傷つかねばならない。そうなったら、気勢をもってぶつかるがよい。戦って血を流すなら、どちらの血も少ない方が望ましい。

どうやって気勢を作るか。

「二人が心を合わせれば鉄をも切る（二人同心 其利断金）」

『易経』の言葉である。たった二人でも心を合わせれば、堅く見える鉄をも切ることができるという。まして皆の心を一つに合わせることができれば、山をも動かせる。
では、どうやって人々の心を合わせるのか。

それは共鳴である。心を鳴らすことだ。魂を揺さぶって指導者に従わせる。それが共鳴であり、それを可能にするのが指導者である。

どうやって皆の心を鳴らすか。愛である。大きな愛である。あなたが私の部下だからではなく、人間だから愛する。戦いに勝つために愛するのではなく、誰かの業を洗い直して、日々新しくなる宇宙の大きな運動に加わるための愛である。

それほどの愛なら皆の心の琴線に触れ、魂の共鳴を呼び起こすことができる。やがて共鳴は「大きな岩が高い山から転げ落ちるような」気勢に変わる。

三　天人合一

『宋名臣言行録[15]』という本がある。宋代の名臣二十人の言行を朱子が撰述したもので、後世の政治家に政治の亀鑑とされ広く読まれた本である。これによれば、第七代の哲宗（在位一〇八五—一一〇〇）時代の名臣呂公（一〇一八—一〇八九）が「帝王守則十カ条」という上奏文を上げた。内容は以下のとおりである。

第一、天を畏れよ
第二、民を愛せよ
第三、修身せよ
第四、学問せよ
第五、賢者を登用せよ
第六、諫言を聞く
第七、苛斂してはならない
第八、刑罰を軽くする
第九、贅沢をしない
第十、安逸しない

十カ条の心得の第一は「天を畏れよ」となっている。
物理的に何の拘束力もないのに、なぜ天を畏れなければならないのか。これは私たち東洋人に長く受けつがれてきた思想である拝天思想からくるものである。その拝天思想というのは、かつての無知な人々が雷や稲妻などの自然現象を恐れる程度にとどまらず、天の働きには哲学的意味合いが含まれていると理解したものである。

第一、東洋哲学が古くから追い求めてきた理想の一つに天人合一思想がある。人間は個別に独立した存在ではなく、縦には天地、横には万物と関わりを持って存在するというのである。

それによれば、宇宙も休まず新しく生成変化して行き、形而上の世界から形而下の世界へと広がって行く。それが再び形而下の世界から形而上の世界へ戻って行く融通無碍の大道へと行き来する。人間の最大の理想は心身の修練を通じて肉身の壁を乗り越えて無限の大道へ進入する。そして天人が共に合一する境地に進むこと、即ち天人合一である。

人間にとって天はそれほど絶対的で、不可思議な聖なる境地であり、無上の能力を備えた原理そのものであると考えたからだ。

第二は、君主でも天の規律である天命には逆らえない、というのである。

第三は、民心が即ち天の心であるという考え方である。人民の望みが天の望みであり、人民の考えは天の考えであると信じることである。

「天に捨てられた天子はもはや天子でない、ただのつまらない男に過ぎない。したがって天命から遠ざかった天子を死なすのは天子を殺すのとは違って一人のつまらない男を殺すことになる」

孟子の言葉である。

驚くべき人本主義である。

「天の意を探ることは人民の意を探ることとして可能であり、それは即ち天の啓示を聞くためには民の声に耳を傾けることとして可能である」

《秦誓》[16]の言葉である。

東洋において民は大事な存在であるため、君主とは天の意思を代行して天理と天道に沿って民を治める賢明な人であるべきであった。よって指導者は常に謙虚な心で天を畏れ、常に天の意思が何であるかを探らなければならなかった。そのことから孔子は**「君子が畏れるものが三つある。それは天であり、大人であり、聖人の言葉である」**と言った。東洋の指導者は常に天の意思を探り堂々と身を処し賢く民を治める人間だった。それゆえに政治は常に道徳と一致せざるを得なかった。

だが、秦の始皇帝は天下を統一してから「朕」という新しい一人称を使い始めた。この言葉は一人称代名詞で天地間に自分しかないことを意味する傲慢な呼称である。そして自分一人の享楽のために権力を集中させて威厳を備え、宮殿や馬車を華麗に飾りたてる一方、衛兵の数を増やし、己の威光を誇示した。政治においては冷酷無比の無茶な法律で民を苦しめた。自分の意に反する学者は生き埋めにして殺してしまい、自分に都合の悪い思想書をはじめとする多くの書籍を焼いてしまった。いわゆる焚書坑儒である。これも天を畏れない悪い見本である。


かつて後漢の楊震はその清廉なことで有名な政治家だった。彼がある地方の行政官を務めていた時、過去に世話してやったことのある王密という人が夜遅く訪ねてきた。話が終わるころに大金を差し出してそのまま帰ろうとした。楊震がそれを断ると、客はこう言い残して受け取るよう勧めた。

「今、夜も深まり、この部屋にはあなたとわたし二人だけです。だれが知りえましょう」

これを聞いた楊震は厳しい顔つきでこう返した。

「あなたはだれも知るまいと言うが、天が知り、地が知る。そしてあなたとわたしが知っているではないか」

後に「四知」と言い、今でも伝わる逸話である。

孔子が魯の国を離れ衛の国へ行った時のことである（BC四九〇年頃）。衛の国の権力者の一人である王孫賈から尋ねられた。自国が政治的に不安なため我が身を案じていた王は次のように言った。

「居間の神の機嫌を取るよりカマドの機嫌を取れ、と言いますが、この諺はどういうことですか」

孔子はこう答えた。

「その諺は間違っています。天に罪を犯したなら、どこにも祈りようがないものです」

ここで言う居間というのは身分の高い人が居する所であり、カマドはご飯を炊く所、つまり利のある実力者を指す。だが孔子は名分や実利よりも天の方がもっと大きい問題であると答えた。

かつての聖賢や学者は天を畏れて、天命を信じ、そして天命に照らして自らの身の振る舞いを本にしたのである。

歴史上最も劇的な対決の一つに項羽と劉邦の戦がある。それこそ天下をかけた見事な名勝負だった。

歴史家の司馬遷は項羽について「自らの勇猛と実力を過信し、自分一人の知恵を信じるあまり他の教訓から習おうとしなかった」と評した。自ら「力抜山気蓋世（力は山を抜き気は世を覆う）」と自慢したことから分かるように、一騎当千の勇力に驕りすぎた。まさに彼にはこの世に怖いものなしだった。そのため戦場においては兵士に財産や婦女を略奪させたし、降参してきた二万人もの将兵を絶壁から振り落として殺戮した。天を畏れぬ人間である。

しかし、それほどに勢いのあった彼も、垓下において四面楚歌に囲まれては自慢の兵隊に逃げられ、愛妻の虞美人も自分の手で殺した後、真夜中にわずか数人の手下を率いて烏江に出た。この川を渡れば自分の故郷の江東の地である。その時、項羽は自らの最後を悟ったかのように川を渡ることを拒否する決心を固めた。天を畏れず天命を信じない人の運命的で、劇的な瞬間である。項羽が自らの英雄的な姿を見せたことがあるとすれば、それは身を起こしてから五年間戦場で見せた数々の勝利ではなく、舟場で天を畏れない誠の自我を発見して自らの粗末な命を終わらせようと決心したことであろう。

今は全てを失い、命からがらで故郷を目指す不運に見舞われているが、自らの地盤である故郷へ戻りさえすればいくらでも再起の機会を窺うことができる。そのうえ、まだ彼を慕う呉川の亭長が船を用意して川岸で待っている。

「江東の地は広くはありませんが、四方が千里にもなり何十万人の人口を擁している。再び兵を起こしてください。幸いに船は一隻しかなく劉邦の兵が追いかけてきてもこの川を渡れないでしょう」

この言葉を聞いた瞬間、項羽は天への畏れを悟った。項羽は苦笑いして亭長にこう言い残したという。

「お言葉はありがたいが、天命が私を見捨てたことがようやく分かりました。私が五年前この川を渡った時、私に従軍した将兵は八千人もありましたが、その中で今まで生きて私の側にいる者は一人もいません。彼らの家族に合わせる面目がありません」

項羽は言い終わると刀で自らの首を刺した。

もし項羽が自らの命の助けを求めて川を渡っていたら、後に彼はどうなっていただろうか。後世の歴史家の目にはどのように映ったであろうか。

後世の史家は劉邦と項羽についていろいろと評価を下している。

項羽は軍師の范増一人もろくに使えず、側を離れてしまった。対する劉邦は張良、韓信、簫何ら大勢の部下をうまく使うことができた。

項羽が自分のことしか考えない火のような性格だったのに対し、劉邦は部下を優しく扱って長い目で物事を見たということから、劉邦が天下を独り占めしたことは当然の結末であると評価する。

勝負の世界にはたいてい二つの場合がある。一つに、片方が良かったために勝利する場合があり、もう一つは片方が誤って自らが崩壊してしまう場合である。筆者があえて言うなら、楚漢の争いは後者に当てはまる。劉邦がうまかったというより、項羽の方が天を畏れず過ちを犯したことから勝敗が分けられたのだろう。

出身階層や戦略的能力においても劉邦は項羽の敵でなかった。問題は項羽の独断と傲慢が自らを崩壊させたのであって、劉邦の戦略が項羽のそれを上回ったから勝利を勝ち取ったのではないと考える。

項羽にとって一番足りなかったものは何だったのか。

それは畏天である。項羽の能力をもって天を畏れる心があったならば天下統一は彼のものになったに違いない。畏天とまではいかなくても最低限の謙虚さを備えもっていれば身を滅ぼすことはなかったはずである。

(15)『宋名臣言行録』の原文　一曰畏天。二曰愛民。三曰修身。四曰講学。五曰任賢。六曰納諌。七曰薄斂。八曰省刑。九曰去奢。十曰無逸。(『宋名臣言行録』呂公編著)

(16)『書経』周書（秦誓から秦書までの三十二篇）の篇名。

四　知天命

畏天とはいかなるものであろうか。ただ天を知るだけなら何の意味もない。天を畏れれば自らも謙虚になるもの。「天を畏る」というのは天の意思が何であるかを探ることである。「天の意思に従う」ことは自分に下された天命が何であるかを悟ることである。つまり天命を知ることではないだろうか。

天命とは何であろうか。それは天が人間に下す命令である。天が人間に命じたもので、人間が当然従わなければならないことである。

しかし、天がどんな方法で命令を下すことができるのか。現実的には自分自身が天に見習って行ったこと、生命を受けた一人の人格としての自分の行いがなにかを悟ることであろう。

この過程を経て私たちは宗教的な畏天から人文主義的な普遍性と合理性に立ち返ることができる。

孔子が馬車に乗り天下を周遊して仁を説いていた時、匡の地方にたどり着いた。孔子を他の人と間違えた村人たちが彼を囲んで危害を加えようとした。危機の瞬間を迎えた弟子たちが気をもんでいると、孔子は「私は昔の聖人の教えを受け継いで世の中に教えを広めようとする者である。これこそが私に与えられた天命である。天が道を滅ぼそうとしていないのに、村人たちが私に危害を加えることがあろうか」と言った。

孔子は、道のために生涯を捧げることは天命に従って努力することであり、それがまた自分の使命であると信じていたのだ。自分の意志で何かをしようとするものではないという言葉である。それを孔子は「五十而知天命（五十にして天命を知る）」と表現した。天命を知っていたから危機に遭遇したにもかかわらずそのように平然としていられたのである。孔子が偉大な人物として崇められる訳が分かるような気がする一場面である。ここは望ましい指導者になるために何が大事であるかを見せてくれる教訓である。

言い過ぎかもしれないが、もしヒトラーやスターリンも天命を知り、天の畏れを胸に抱いていたなら人類の歴史も変わっていたであろう。

チャーチルは一九〇一年に二十七歳にして初めて代議士に当選した。保守党の大物だった父の七光のお陰でもあった。三年後、チャーチルは自らの政治基盤である保守党を離党して自由党へと鞍替えした。自分の政治生命が断たれるかもしれない無謀とも言える行動だった。イギリスという国での長い政治の伝統や風習からは受け入れ難い行為であるからだ。しかも保守党は伝統ある大政党であった。また政治の場で現役重鎮の政治家は皆先代の同僚だった。自由党への鞍替えは政治的な意味以上に道義的、人間的な裏切り行為に映った。

にもかかわらず、彼には人間的な道義や政治的生命をもかけるほどの信念があった。国家の将来に対する自分なりの見解と予見があった。つまり保守党の綱領や政策では変革を求める時代的な要求に対処できないと読んだのである。

いまから九十年も昔のことであるから現在の時代感覚や基準とは大きな差があるにして

も、当時は資本主義が開花したばかりで、保護貿易をはじめとする保護主義が保守党の政策の重要な柱だった。当時の小説でディケンズの『二都物語（A Tale of Two Cities）』に登場する都市の悲惨な市民生活はあまり改善されていなかった。いまこそ自由貿易政策を中心とする一連の開放政策を実施しないと市民生活はもちろんイギリスの将来も悲観的だと判断した。

そう判断したからには自分の意思を通すことのできる政党は自由党の他にない。自分の夢と意思を実現し、イギリスの将来のためなら保守党を離党し自由党へと鞍替えするしかなかった。保守党からは裏切り者との烙印が押され、もしかすると自己の政治生命までも断たれるかもしれない。だが、これは正しい歩みであり、我が進むべき道でもある。だったら何を迷う。直ぐに離党に踏み切ろう。チャーチルはそれが自分に与えられた天命であると受け止めていたであろう。

それから二年後の一九〇六年に最初の自由党内閣が誕生した時に、チャーチルは初入閣を果たした。

「社会主義は持てる者を引きずり下ろすが、自由主義は持たざる者を引き上げる。社会主義は企業を殺すが、自由主義は特権や保護の鎖から企業を救う。社会主義は規則を大事にするが、自由主義は人間を大事にする。社会主義は資本を攻撃するが、自由主義は独占を攻撃する」

チャーチルが閣僚を務める際に行った有名な演説の一部である。その後、商務省、内務省などの主要閣僚を務めながらもよどみない構想と旺盛な精力でイギリスを世界一の指導的国家に浮かび上がらせるのに大きく貢献した。二十世紀が生んだ最大の政治家にチャーチルを上回る人物はいないだろう。

それほどのチャーチルも人間的な魅力とともに弱点も併せ持った人物であった。中でも彼の政敵に対する口の悪さは、政治手腕に劣らない彼一流の見事なものがあった。

労働党の党首であり、最後には挙国内閣の首相をも務めたマクドナルド（James Ramsay MacDonald：一八六六―一九三七）を指してチャーチルはこう言った。

「私は幼いころサーカスが好きだった。骨のない男を見物するのは特に好きだった。だが、親が嫌がったのでいつもその場面を逃しがちだった。幸いにも五十年が経った今、大英帝国の大蔵大臣の椅子からそのような男を見つけることができて非常に嬉しい」

ある時イギリスで女性初の代議士になったレディー・アスター（Lady Astor）がチャーチルに怒りをぶちまけた。

「もし、私があなたの妻なら、迷わずにあなたのコーヒーに毒を入れますわ」

ところがチャーチルは何食わぬ顔で「もし私があなたの亭主なら、ためらわずそのコーヒーを飲んでしまいます」と正面から受け答えした。

まったく奥の計り知れない人物である。ある伝記作家はチャーチルについて「政界のピーターパン」とも評したというではないか。

三〇年代の初め頃、ドイツでヒトラーが権力の座に着いた時、まさか彼が世界を相手に戦争を挑むと考えた人はだれもいなかった。

「ヒトラーが政治の舞台に登場した頃、私は東部で法律の勉強に夢中になっていた。私の知り合いにもヒトラーが好きな人はいなかったし、かといって彼が戦争まで起こすような人物にも見えなかった。彼はいつも田舎くさい格好をし、言動は常に誇張気味で愛嬌を振りまいて強がっている程度にしか見えなかった」

アメリカ大統領のニクソンの表現である。

しかし三〇年代初め頃、政治家としては唯一チャーチルだけがヒトラーの脅威について警告を発した。イギリスの軍備の増強を主張し、民主国家の団結を呼びかけた。が、その警告によってチャーチルはむしろ好戦的な人物と見られ、自分に対する評価を悪くするばかりであった。ニクソンの言葉を借りれば、「多くのアメリカ人はチェンバレン首相のドイツに対する宥和政策がヒトラーに対抗できる威厳のある最も適切な政策であると支持した」という状況だった。

ヒトラーがポーランドへ侵攻を開始した一九三九年九月になってから、このような世論や雰囲気は変わり始めた。チャーチルの発言に世界が注目し始めた。だが、もはや時遅く、ヒトラーが戦争を始めた後だった。

「戦時中のチャーチルは一言一言に人間の心を感動させる力があった。自らが感動しないと言葉の力の源は出てこないという真理を悟らせてくれた」とオーストリアのメンジーズ（Robert G. Menzies）首相は回顧した。

ニクソン大統領もチャーチルの一連の演説について「イギリスの議会はいつもチャーチルの魂と意味深い演説に包まれる舞台だった。先代以来、代々に受け継がれた家柄に対する自覚と自らの歴史的使命に満ちたイギリスの議会はチャーチルの一部であり、時にはチャーチルの化身のようなものだった」と回顧している。

天を畏れない人には信念に燃えることはできない。

三〇年代末期の外交的な失敗が癒えないうちにヒトラーは戦争を起こし、固く信じていたスターリンは世を裏切ってポーランドを分割占領した。アメリカは相変わらず頑なに不干渉の孤立主義と称して沈黙を決め込んでいた。続いてフランスまでも一カ月経たないうちにドイツに降伏してしまった。

イギリスの総勢三十三万人もの大軍がダンケルクで命からがら逃げ出す有り様だった。

ロンドン市民は昼夜を問わず繰り返されるドイツの空襲に暗い地下室で脅える日々を過ごした。まさにイギリスは孤立無援の風前の灯火のような運命に置かれた。この激動の時期、チャーチルは六十五歳にして総理大臣の重責に着いた。彼の肩にはイギリスの運命ばかりでなく、世界の運命がかかっていた。

チャーチルはその夜の感慨について記録を残した。

「朝三時私は深い安堵感に包まれる。ようやく私はすべてのことに命令を下すことができる権限を手にした。今の私は運命と共に手を組んで歩いているような気分である。過去の私の人生はこの瞬間のために準備されていたのだ」

一九四〇年五月十日のことである。

翌日には有名な演説「私は汗と涙と血しか祖国に捧げるものがございません」という言葉と共に首相の職に就任した。まさに彼は時代と運命が自覚できる政治家だった。

一九七〇年十一月十二日、パリの由緒あるノートルダム寺院でド・ゴールの告別式がしめやかに執り行われた。そこに居合わせていたアメリカのニクソンは言った。

「世界の有名人が一堂に集まるのは例がないことだろう。世界のトップクラスの指導者が私を含め六十三人にもなる」

実際その葬儀に参加した外国の国家元首クラスは百カ国を上回った。その数はチャーチルやアイゼンハワーのそれを上回った。夜は雨にもかかわらず凱旋門からコンコルド広場まで二十万を超える市民がド・ゴール哀悼の行進に参加した。フランスにおいて一人の人間の死がかくまで大勢の市民により哀悼されたことはかつてなかったことである。

パリ市内で荘厳な告別式が行われる瞬間、ド・ゴールの遺体はパリ東北の二〇〇キロにある彼の郷里コロンベイに埋葬された。それは普通の村民の葬式と変わらない質素なものだった。わずか七十二ドルの柩に寝かされた遺骸は郷里の平凡な村人に見守られながら土の中に葬られた。隣には二十二年前に十九歳の若さで亡くなった娘のアンネが静かに眠っていた。ほかのそれと違ったことがあるとすれば、三色旗に包まれた普通の柩を家から教会まで装甲車が運んでくれたことだ。国家元首の葬儀にありがちな騎馬隊もなく、沿道の長い行列もない寂しい葬式だった。コロンベイはわずか百世帯足らずの小さい町だからだ。彼は生涯身を投じていた軍隊でも、大統領に在任中も「将軍」と呼ばれるのが好きだった。軍隊が彼のためにした配慮は、葬儀のための装甲車を一台提供したことだった。

彼が葬られた墓石には、

「シャルル・ド・ゴール一八九〇―一九七〇」

とだけ書いてある。それも彼が二十年前に書いた遺書に従ったものだった。

一、私の葬儀は郷里のコロンベイで家族だけで行って欲しい。
国葬などのような催しは断る。
二、我が娘のアンネの隣で、いつかは私に伴うであろう妻と一緒になりたい。
墓碑銘は「シャルル・ド・ゴール一八九〇—　」とする。
三、私の葬式に列席する人は故郷の人、レジスタンスの同志、そして若干の軍隊の要員に限って欲しい。
弔砲や政府代表、有名人らの参列は断る。


筆者も数年前コロンベイを訪問したことがあるが、静かな田舎町の小さな教会の裏庭に立てられたド・ゴールの墓のあまりに質朴な様子に驚かざるをえなかった。

彼が世界的に尊敬され、フランス国民の英雄になったのも決して偶然ではないことが分かった。

もし、第二次世界大戦中、ド・ゴールの軍事的な抵抗もなく、ドイツに降伏したペタンによる傀儡政権のまま終戦を迎えていたら、戦後フランスの国際的な地位はどうなっていただろうか。もし、アルジェリア反乱の際、フランス陸軍の空挺部隊がパリに投下されて軍による政府機関が接収されるという騒ぎをド・ゴールが鎮圧しなかったら、その後のフランスはどうなっていただろうか。

アメリカにも真正面から「NO」を言い、核開発に力を注ぐ一方で、イギリスに対しては一定期間、ヨーロッパ共同体（ECC：現在のEU）への加盟拒否の立場を貫いた。ド・ゴールによるこれら一連の政策がなかったら、国際社会において今のフランスの地位はなかったに違いない。

中華人民共和国を早くに承認することで、ソ連を牽制しながら東欧圏にも積極的に外交を展開するなど東西の緊張緩和を図った。ド・ゴールの外交政策がなかったら今日の国際情勢はどうなっていただろうか。

中国・ソ連の葛藤を人より先に予言したのもド・ゴールだった。

一九六〇年の選挙でケネディに破れ、続いてカリフォルニア州知事選でも苦杯を嘗めたニクソンについて、「ニクソンは必ずアメリカの大統領になる」と予言したのも彼、ド・ゴールであった。もっと驚いたことは、「ニクソンは私と同じく突然権力の座から退いて都落ちの身になるであろう」とも予言した。

「マジノ線は必ず突破されるか、または敵に迂回され、パリは蹂躙される」と言ったのはドイツがフランスに攻め入る四カ月前だった。この予言は一九四〇年六月十四日、的中した。

一九三四年、四十三歳のド・ゴール中佐が書いた『機械化軍の将来』の中に、「過去百年間を振り返るとフランスはパリ陥落と共に一時間以内に抵抗を止めた」とある。

一九四〇年、パリが落ちてからド・ゴールの悲劇の予言は次々と的中していった。

一九四五年末、当時四共和国の臨時政府主席だったド・ゴールはある日急に閣僚を集めて「状況が私を追い出す前に自ら進んでこの状況から出ていく」と言い残し、閣僚たちをおいたまま会議室から出て、国家元首を辞任して郷里のコロンベイへ帰ってしまった。いつかはフランスが自分を必要とし、国民が呼び戻してくれるとの確信を抱いてのことだった。それから十二年後、彼は国民に歓迎される中、国家元首に復帰した。

では、ド・ゴールの偉大さは先見的な予言力にあるというのか。そうではない。彼の偉大さは天を畏れたことにある。

彼の生涯の願いはただ一つ「偉大なフランス」の建設だった。アメリカのアイゼンハワー大統領に「イギリス人と違って、私たちは世界一になりたいという意思を捨てたことはない」と断言した。彼の側近たちに「私がフランスである」と宣言するほどに彼はフランスを愛した。

愛する祖国フランスが必要とする指導者はどのようであるべきかを知り、その任務こそ自分に任された使命であると確信していた。それは単なる自慢ではなく、天を畏れる人の信念であり、確信でもあった。

ニクソンはド・ゴールを評し、「運命というものを知っているド・ゴールは単に大統領になりたくて権力の座を願ったわけではなかった。フランスが必要とする指導力を発揮することができる指導者は自分以外にあり得ないと信じていた。政治の世界で大人と子供が違う点は、子供は偉大になりたくて高い地位を願う反面、大人はことを成すためにそれを願うことである。ド・ゴールが権力を欲しがったのは自分の栄光のためではなく、それを行使するためだった」

西洋には東洋で言う「天命」を意味する言葉がないから天命という言葉を使わなかっただけで、彼は世界的な指導者らしく天命が分かっていたに違いない。

シーザーやマッカーサーは文章の中で自分を指す時、三人称をよく使っていた。ド・ゴールもまた「私」と書かず、「これがド・ゴールの選択だ」、またある時には「やっとド・ゴールも分かった」というふうに自分を客観化する三人称を好んで使った。

その理由は次のような個人的な体験と感動を通じて自分の信念を再確認したからだ。

戦時中、彼が赤道アフリカに位置するフランス領カメルーンのドゥアーラ（Douala）へ行った時のことだ。何万人もの人波がド・ゴールの名を連呼していた。ド・ゴール、ド・

ゴール、と。人並みの中を歩くド・ゴールは言いようのない感動を覚え、自分の使命に目覚めた。
これまで自分が考えた以上に国民は期待していることを再発見して、これから自分がやらなければならないことはただ事ではないことに気づいた。それは間違いなく運命的使命であることを悟った。それについて彼自身は次のように述懐した。

あの日から私ド・ゴールは、「ド・ゴール将軍」と呼ばれる男を意識しないで生きていくことはできなかった。私はあの日からその男の捕虜になったような感じだった。重大な決定を下す前「ド・ゴール将軍もこれを賛成するのか」、「国民はこれをド・ゴールに期待しているのか」と聞かなければならなかった。それに従って「ド・ゴール将軍」らしくない決定という結論に至った場合は直ぐに撤回したことも幾度もあった。

四十二歳になる年の一九三二年、陸軍少佐だった彼は『刀（The Edge of The Sword : Le fil d'épé）』というリーダーシップについての本を著述した。陸軍大学に勤めながら大尉の時から発表したものを集大成したものだった。

彼はその中で指導者が持つべき三つの資質に関して「正しい針路と方向を選択する知性と本能、そして国民にその道へ進めと命令できる権威」であると言っていた。彼が権威について研究し関心を払った痕跡を見ることができる。その本の中で「権威というものは威信から来るものであり、威信とは主に感情、暗示、印象などから発揮されるもので、それは説明が不可能な天賦の才能と言うべきか、生れつきの個性などに裏付けられる。権威とは特別な人にのみ与えられ、それこそ生れつきであるとしか説明しようのない神秘な力が、体から汗が出るのと同じように全身から発散される。しかしその汗を正確に説明することは不可能である」とした。

また、言葉で説明不可能な資質について「神秘と個性の威光」を併せ持つ時に可能であると結論づけた。

「威信のない権威はなく、距離を置かない威信もない」とド・ゴールは言った。

ド・ゴールはいつも支持者から距離をおこうと努めた。エリーゼ宮に二台の電話が引かれていたが、電話のベルが鳴ることはめったになかった。ド・ゴールは、電話は近代文明が生んだ毒であると考えた。側近の補佐官らも電話で直接報告しようとはしなかった。

彼は口癖のように、「威信には神秘性が重要だ。どんな偉大な英雄でも身近に見れば、ただの凡人に過ぎない」と言った。そのため、彼は友だちとの付き合いも少なかった。ひいては補佐官も一定期間で意図的に入れ替えた。彼の冷静な人事方針について「彼は子供のころ冷蔵庫で育ったからだ」と皮肉る親戚もいたほどだ。

陸軍大学のある教官は、「彼は亡命した王のように振る舞う」と皮肉ったほどだ。

一九六〇年訪米時、ド・ゴールを主賓に迎えてホワイトハウスでニクソン大統領主催の晩餐会が開かれた。会場の中央には令夫人自らが手を施した生け花が飾られてあった。晩餐会場に入ってきたド・ゴールは令夫人に「綺麗なお花でございます。どなた様のお手並みなのでしょうか。なんと真心のこもったことか」と賛辞を惜しまなかった。

ニクソンの回顧録においても、晩餐が終ってから感激した令夫人がニクソン大統領の耳元で「私は彼が偉大な軍人であり、偉大な政治家であることは分かっていましたが、彼が立派な紳士であることも知るようになりました」と秘かに言ったとされている。

これに加えてニクソンはこうも言っている。

「指導者のほとんどは複雑で重大な国事に与《あずか》っているから、花などのような繊細な事柄まで関心を示すことは不可能に近い。晩餐会では話題を独占しないために儀礼的な会話を交すのが慣例である。同席したご婦人方も会話に加われるよう配慮するのが普通である。彼はそこまで配慮してみせる完璧な紳士だった」

ド・ゴールは生前三回ほど暗殺未遂事件に遭遇した。とくに一九六二年のパリ郊外で起きた機関銃の洗礼は最も危うい事件だった。銃弾が彼の頭上わずか二センチをかすめた。空港に到着して車から降りた大統領は服に振りかかったガラスの破片を払い落として「下手くそめが！」とつぶやいた。

一九六九年、ニクソン大統領一行が公式晩餐会に招待された。その時のド・ゴールの原稿のない演説は立派そのものだった。感激した一行が大統領の演説を誉め称える。大統領は「実を言うと事前に原稿を全部覚えました。チャーチルも私と同じやり方でやりますが、彼はそれを隠すのが私と違うところです」

アメリカとフランスの関係が微妙だったジョンソン大統領の時代、ベルサイユ宮殿の装いを一新したグラントリアノン（Grand Trianon）迎賓館にド・ゴールが視察に出向いた。参加者の一人がナポレオンの浴槽は大柄のジョンソンには合わない、と言った。ド・ゴールは「そうだな、だがニクソンならぴったりかもしれない」と言った。ニクソンが大統領になる前のことである。

ド・ゴールは人を寄り付かせない超然とした人物だったが、部下たちの家族や子供の名前をすべて覚えて、その安否を尋ねたりする一面もあった。彼の本性は決して冷徹なわけではなかった。補佐官たちによれば、ド・ゴールが日課を終えて住居に退けば、彼との連絡は完全に途絶えてしまったとも言う。危機的な状況でない限り連絡しないように厳命されていたからである。家族と過ごす時間はド・ゴールの時間だし、その時間は完全に家族のものだった。

夫人が妊娠中に不幸にも交通事故に遭った。生まれた子は事故の後遺症で口が不自由であった。ド・ゴールはその末娘のアンネ（Anne）をだれよりも愛した。アンネを養護施設に預けた方が良いと勧められたことがあった。それに対してド・ゴールは「我が子は自分が願ってこの世に来たわけではない。アンネのためなら、私達夫婦はどんなことでもする」と言った。イボンヌ夫人も友人に宛てた手紙に「シャルルと私はアンネが普通の子と同じくなれることなら、私たちのすべて、金、地位、名誉、栄光までも捨てる心の準備ができている」と書いた。

アンネを笑わせることができるのはド・ゴールしかいなかった。娘と一緒にいる時、ド・ゴールは生涯守ろうと努めた威厳と権威をそっくり脱ぎ捨てた。コロンベイの人は、ド・ゴールが娘と手をつないで庭を歩きながら我が子が理解するまで身ぶり手ぶりで一生懸命話しかけるド・ゴールをしばしば目にした。

ド・ゴールの伝記を書いたトゥルヌゥ（Jean-Raymond Tournoux）はド・ゴールの我が子に向けた愛についてこう書き残した。

「ド・ゴールは娘のために踊ったり、身振り手振りで芝居を演じたり、歌を歌ってやったりもした。さらには彼の威厳の象徴だった将軍の帽子もオモチャとして与え我が子の目を輝かせた。そうするとアンネは言葉らしい言葉を発したり普通の子供と同じように口元に笑みを浮かべたりした」

ド・ゴールが常に気にしていたのは、両親がいなくなった後の娘の生活と将来だった。そのため金銭に余裕ができるたびに貯めてミロンラ付近の城を買い入れ、経営を修道院に任せていた。それに加え、引退後に得られた印税を元にしてアンネ・ド・ゴール基金を設け娘の将来の生活資金に充てようとした。しかし親の努力の甲斐もなく、アンネは一九四二年十九歳の若さで亡くなった。コロンベで質素な葬儀が営まれ先祖代々暮してきた地に葬られた。葬儀が終わった後も目に涙を浮かべたまま、夫婦は娘のそばから離れようとしなかった。

やがてド・ゴールが夫人の手を握って言った。

さ、行こう。
この子はやっと私たちと同じになることができたんだ。

彼はこんなに温かい心の持ち主だった。ただ、指導者はこうでなければならない、という信念のために他人には冷たい振る舞いを見せただけだっただろう。

指導者なるものはいかなることがあっても「威信と権威と神秘」は守らなければならない、という信念に生きた男だった。

公における彼の行動は計算し尽くされた行為であり、自分の本性とかけはなれた行動を見せなければならなかっただけに人間的な苦悩も多かったに違いない。

自分の負った天命に忠実に生きようとした一人の男の悲劇であり、またそれが指導者の偉大さでもある。

五 時中

仕事が順調に進む人または事業で成功する人などを、世間では幸運な人あるいは運がついていると言う。なぜ彼に運がつくのか。それは自分も気づかないうちに、時に恵まれるからである。つまり「うまくいく」または「成功する」のは、「時」に恵まれることの言い換えでもある。それが「時中」である。

雨傘と草履売りの兄弟の逸話から分かるように、傘売りの兄がいくら良い傘を作っても雨が降らない時には売れないから生活に困る。反面、雨が降らないから弟が作る草履はよく売れて金持ちになった。

つまり弟は「時」に恵まれた。

ならば、誰でも時に恵まれることはできるだろうか。

とんでもない。

どんなに「時」を得ようと努力を重ねても殆んどの場合はずれるものである。たとえ草履売りの弟のように時に恵まれた場合でも、それは本人も知らないうちに幸運が忍び寄ってきたのだ。

どうすれば常に運が回ってくるのか。自分がやろうとすることの機微が分かれば何事も完成することができる、と『周易』に書いてある。このように、世の中の出来事については機微を理解すれば時中を得ることができる。

ここで言う機微とは、「機」または「介」の意味で、「有る」「無し」の間のことで、現れていることと隠れていることの中間を意味する。『易』はまた「機の動きは隠密である」としたことから分かるように、機微が分かることは誰にでもできることではない。凡人の目で「ある」と「なし」の中間を見ることは至難である。最も適当な時、つまり時中は、人間の営みと宇宙運行の複雑で巧みな関係から成り立つ決定的な時を言う。したがって、誰かがむやみに「これだ。あれだ」など言えるものではないのである。

時中こそ、恐れる心境で天命の運行を探り（畏天）、地と人を探り、極めて謙虚な心で願う時、ふいに悟る境地に至った時に分かるものである。『繫辞伝』に「君子が徳を重ね、業を積むのも時を得るためである」と戒めている。「常に戒め、怠けたり気を緩めたりせず」、わずかな過ちもないよう修業に修業を重ねてやっと分かるか分からないかというものである。

秦の将軍の王翦が楚と戦った時のことである。戦場で楚と対峙することになっても王翦は城を高くしてその中に居座って動じなかった。楚軍がいくら挑発してきても応戦しなかった。そして兵士にはうまい食事をどっさりと用意し、休養を与えるのみだった。

五日が経って副将に聞いた。

「兵士は今何をしているのか」

「はい。只今兵士は休みながら退屈しています」

また五日が過ぎた。王翦が副将に同じことを聞いた。

「はい。兵士たちは今、石投げや縄跳びをしたり、相撲を取ったりしています。皆力が有り余ってしようがないようでございます」

「そうか。よし」

王翦は大きくうなずいて、全軍に出撃を命じた。秦軍の雪崩を打ったような猛攻に、油断していた楚軍は木っ端微塵に滅びてしまった。


『史記』の逸話である。

まさに時を待ち（待時）、時に合わせて攻撃を仕掛けたのである。

これが時中である。


いかに正しく精進できるのか。

「自彊不息(17)」という言葉がある。

『周易』に**「天の運行は健全で少しも休まない。君子も天を倣い休むことなく自ら努力する**（天行健　君子以自彊不息―乾・象伝）」という意味で、君子は天道の運行から習い一生懸命に徳を積む、との意味である。絶え間なくなされる天地の変化に内在している生生之徳を悟り、生生不息の天道を原則としてその中に潜む天行健の価値を追求すること、それが自彊不息である。

これまで筆者が畏天を主張し続けてきた理由もここにある。

しかし、どうして古い『周易』の話ばかり並べるのかという疑問があるかもしれない。「**天を仰いで天命の現象を観察し、地のあらゆる状態を探る。そうやって易は幽明の訳が分かり、事物の始めを根源として事物の終末まで考える**」と朱子が言った。東洋の五千年の知恵を圧縮した『周易』のほかに分かりやすく宇宙を説明する教えがあるだろうか。「幽明の訳と事物の根源と終末まで」を論ずるには浅学の筆者の手には負えないのである。

しかし、『易』について誉め称えた賢者が朱子一人とは限らない。孔子のような聖人も『周易』を好み、本のとじ紐が三度も切れるほど読み直したことから「韋編三絶」という言葉さえできたそうではないか。一般に「天地日月が分かり、四時、鬼神とその徳を合わせ、その明哲を合わせ、またその秩序を合わせ、そして吉凶まで知り尽くす」ためには、一度くらいは『易』に関心を寄せることを勧める。

時を待ち（待時）、時に合わせ（及時）、時に従い（而時）、幾を分かり（唯幾）、時に合わせて動く（見幾而作）など、全ては時中を意味する。これらすべてが『易』にあるのに、

『易』以外に何で説明できようか。

ワーテルロー決戦を二日後に控えた一八一五年六月十六日、ベルギーの小さな町のリニー（Ligny）は八万人ものプロイセン軍隊であふれていた。七十二歳の老将ブリュッハー（Gebhard Leberecht von Blücher、一七四二―一八一九）が指揮する兵隊が戦闘態勢を整えていたからだ。ナポレオンはその時イギリス軍とプロイセン軍の間へと進撃していた。ナポレオンの作戦はロシア軍とオーストリア軍が合流する前にそれぞれ撃破するつもりでいた。戦闘が始まると、ナポレオンが得意とする中央突破作戦を展開するために、二百門の大砲で敵に集中砲撃を加えた後、歩兵による突撃を敢行した。

当時ヨーロッパ一の精鋭と言われたフランス軍の相次ぐ攻撃にもプロイセン軍は崩れることなく一進一退を繰り返していた。先鋒将軍という異名にふさわしくブリュッハーが常に騎兵隊の先頭で部下を督励していたからだ。だが、戦機を探ることにかけては誰よりも優れていたナポレオンは、一瞬の間フランス最強の親衛隊を突撃に加えることでプロイセン軍に決定的な打撃を与えた。

プロセイン軍は混戦中にブリュッハーが乗っていた馬が流れ弾に当たり老将が落馬して失神する不運に遭ったが、危機一髪のところで若い将校らに救援されてかろうじて命拾いし、部隊をワブルまで後退させた。ワブルはリニーの北方二〇キロ、ワーテルローの東方一六キロに位置する町である。

しかしナポレオンは、ここで一世一代の致命的な失敗を犯した。彼は常日頃から追撃戦によって戦果を挙げていたが、この時はそれを展開しなかった。逃げる敵を目の前にしながらも次の日の十七日、それも午後遅くなってからグルシー（Emmanuel Marwis de Grouchy：一七六六―一八四七）に追撃を命じたが、時すでに遅し。彼は時中を失した。

この時、もしナポレオンが敗退するブリュッハーを追い掛けて確実に追い討ちを掛けていれば、八万七千人のプロイセン軍がワブルに到着する前に壊滅的な打撃を与えることができただろう。

敵の瓦解までは至らなかったにしても、少なくともワーテルローに陣取っているウェリントン軍に合流する事態は防げたはずである。

彼は得意としていた追撃という戦術をせず、失策を犯した。豪華な宮中生活や駘蕩たるフランス貴族生活で四十六歳の若き皇帝に早くも落日が訪れたということか。もしくは、プロイセン軍をあまりにも軽く見すぎたとでもいうことか。

とにかく彼は翌日の六月十七日は朝から参謀らと時間を費やした後、午後には野営を張る部隊を視察する余裕を見せていた。その日のナポレオンは、もはや戦機をうまく捉える過去のナポレオンではなかった。

一方、カトルブラに布陣したウェリントンはフランスのネイ（Michel Ney：一七六九―一八一五）との戦闘で一進一退の接戦を展開していた。そこにブリュッハーの敗戦の報に接して、部隊をいったん北方一七キロまで後退させた。ネイは後退するウェリントンを逃してしまった。ここでもフランスは追撃の機を失した。

ナポレオンがプロイセンを破った後、次の敵であるウェリントンを目指してカトルブラに到着したらそこにいるはずのウェリントンはもうワーテルローに後退した後だった。

ナポレオンは激怒した。「ネイがフランスをだめにした」と罵った。今度は自らが一個中隊を率いて追撃に出たが、不運にも大雨に見舞われてやむなく兵を引き上げることとなった。

六月十八日、土砂降りの雨も止み、濃い朝霧のかかった静かな朝八時。ナポレオンは敵の陣地からわずか二マイルしか離れていない農家で皇室紋章が刻まれた黄金食器で優雅に朝食を取っていた。

午前九時、皇帝は灰色の駿馬デジレに乗って敵情偵察を済ませた。十時には壮大な閲兵も実施した。しかし、妙なことに期待されていた攻撃命令を下さなかった。かつてのナポレオンらしくない態度である。

この時ウェリントンは南へ三キロ離れたモン・サン・ジャン（Monte Saint Juan）へ兵を進めて小高い丘に布陣した。

実は何事にも注意深いウェリントンはナポレオンとの正面対決を嫌ってブリュッセルへの後退を考えていたが、ブリュッハーから秘密連絡を受けて作戦を変更し、モン・サン・ジャンへ移動した。リニーでナポレオンに破れたもののブリュッハーは百戦練磨の老将だった。彼はワブルで戦列の再整備を済ませて後を追ってくるグルシを一個軍団で足止めさせておいた。残りの三個軍団は戦場を迂回してワーテルローへと急がせた。秘密移動作戦の趣旨はウェリントンの下へも届いて、ナポレオンをあざむく準備は整いつつあった。

午前十一時、やがてフランス側の大砲が火を吐いて戦闘が始まった。予定より二時間も遅れての攻撃開始だった。

「勇者の中の勇者」の異名をとるネイ。彼が先頭に立って攻撃すれば兵士たちは熱狂して必死に戦うという勇将。激戦で彼が乗った馬が四匹も銃弾に当たって倒れ、彼は徒歩で戦闘を指揮しなくてはならないという凄まじい接戦が繰り広げられた。イギリス軍の応戦もナポレオン軍にひけをとらなかった。砲弾がウェリントンの周りに落ちて参謀たちが次々と倒れて戦列は崩れかかっていた。イギリス軍の運命が崖っぷちに差し掛かって戦況がかなり危うくなった時、副将が総大将の安全を気にするとウェリントンはこう指示した。

「どんなことがあっても退くことはできない。両足を失っても両手が大丈夫なら最後まで射撃せよ。これが私の命令だ。手下の部隊に伝えよ」

　ウェリントンの運命が終りを告げようとした時、突然ナポレオン軍の右翼側面にどこの所属ともわからない一団の軍が出現してナポレオン軍に襲いかかった。ブリュッハーの率いる三個軍団のプロイセン軍が戦場に到着したのだ。ウェリントンも危なかったが、ナポレオンのフランス軍も疲れ切っていた。イギリス軍をここまで追い込むために死力を尽くしたからだ。どんなに最強を誇るフランス軍でも新しい敵を迎えて戦う余力はもはや残っていなかった。

　右翼に不意の奇襲を受けたフランス軍は雪崩のように崩れていった。ブリュッハーの時中があまりにも良すぎた。時は一八一五年六月十八日午後四時。希代の軍事の天才がその舞台から姿を消した日である。その日に限ってワーテルローの落日はひときわ輝いて荘厳だったとか。

　ナポレオンが予定通り攻撃を開始していれば、ブリュッハーの時中は外れたかもしれなかった。

時中が歴史の針路を変えたのだ。

（17）高い地位についている人、またはそのために邁進する人は、その地位を欲しがるのではなく、天に仰いでその地位がいかに大事で怖いのかを知らなければならない。それが分かったら、常に謹んで自らを磨いてそれに似合う修業を積まなければならない。

六　人を愛する

なぜ、天命を信じ天を畏れるべきなのか。天を畏れる人は謙遜になる。謙遜になれば天地自然の理に目覚める。天地自然に目覚めれば生命の尊厳が分かる。生命の尊厳が分かれば人を愛することができる。

十九世紀のアメリカの哲学者エマーソン（R.W.Emerson）は、士官から身を起し皇帝の位にまで上り詰めたナポレオンについて次のように評した。

「ナポレオンの失敗は、宇宙の摂理による必然的な結果である。この種のことは千篇一律に皆同じ道を歩むことになる。ナポレオンは飛び抜けた非凡な力量を備えた大将で、彼ほど多くの猛将や大勢の兵士を抱えた人も少なかったであろう。にもかかわらず、その結果はどうか。巨額の富を費やし大勢の命を奪い、多くの都市に焼き討ちをかけヨーロッパ全体を攪乱の淵に陥れたのではないか。そのうえフランスを以前より小さく貧しい国におとしめた。彼が得たものはいったいなんだったのか」

一人の人間が持つ天賦的な資質を考えてみると、何百億という人類の中でナポレオンほどの英雄は数えるほどであろう。しかし、彼の個人的な力量に比べ、哲人の評価はあまりにも粗末である。

その理由はなんなのか。彼が天を畏れなかったからであろう。天命を畏れる心を持たなかったので、人間を心から愛することができなかった。ジョセフィーヌを愛し、自分自身をその何倍も愛しながら、人間への誠の愛を知らなかったに違いない。彼が持つ不世出の能力から思うに、彼のためにも世界のためにも非常に惜しいことである。

彼が一度でも天を畏れたなら、少なくとも人類はもう一段高い次元へ上れていたに違いない。また歴史の進路も今とは違う展開になっていたことはたしかであろう。それほど偉大な一人の人間の能力がシーザーやアレクサンダーのまねに終ってしまったことは誠に残念である。

なぜ天を畏れよと繰り返すのか。

川の辺りで水の流れを眺めていた孔子がこうつぶやいた。

「川は昼夜を問わず流れ行く（逝者如斯夫不舍昼夜）」

休まず下へ下へと流れ行く川を見て、孔子は大宇宙の永遠の運行、そして少しの誤差も許されない偉大な運行の意味がなんであるかを悟ったのであろう。

宇宙が永遠なのはなぜか。それは天行健であり、『周易』の言葉でいう貞夫一者、つまり宇宙は健康で正しいからである。正しく健康であるから日々新しく盛んであり万物を生み続けるのである（日新之謂盛徳、生生之謂易—易経）。

人類が間違いなく日々新しくなるためには、天を見本にしなければならない。より高い次元に達するためには、より正しくならなければならない。それは科学技術の発展にあるのではなく、道徳的な勇気と高潔性が向上することにある。エホバの御言葉を信ずる時可能になる。

よく知られていることであるが、今日の私たちの抱える問題は物質の問題ではなく知恵と道徳性の問題であり、唯物論的な考えを捨てていかに解放されるかによる。私たちがこれまで彷徨って来たのはすべて天命を畏れていなかったことから始まったと言っても過言ではない。

チェコの元大統領のハベルがアメリカを訪問した際にフィラデルフィアで「私たちに宇宙と人類に対する新しい関係を確立する時が差し迫ってきた」と言った。二十世紀が生んだ最も良心的な政治家が、経済開発や世界平和に先立って人間と宇宙との関係確立を強調したのはなぜか。

「人間が益々偏狭になり、適応性のない存在に転落している理由は、私たちの存在がこの宇宙と深いつながりがあるという感覚と、より大きなことに貢献しているというやりがいが麻痺してしまったからである」

『愚者の宴』を書いたハーベイ・コックスが言った。

世紀の知性と呼ばれる西の二人が東洋の畏天と同じことを主張する理由はなんだろうか。

宇宙の深奥な意味を理解しなければ今人間が抱えている根本的な問題を解決できないと捉えるからだ。

人間が人間を愛さなくてはならないという大前提も生命の尊厳を知らなければ成立しないものであり、生命の尊厳性は宇宙の深奥な意味を理解しなければ成立不可能ではないか。つまり真の愛は天を畏れることから始まるのではないだろうか。

「もし人間社会が互いを愛する心でいっぱいになり、自分を愛するように隣人を愛すれば世の中の不幸や盗人などは姿を消したであろう。隣国を自分の国のように思いさえすれば、隣国に攻め入るようなことはなくなるであろう」

墨子の言葉である。

歴史上、大帝国のローマ帝国と双璧を成した唐の国は武力で築かれたのではなかった。第二代の太宗のような偉大な人の出現で国家の基礎を築いたからである。何をもって国家の礎を確立したのか。愛だった。民に対する愛が大帝国の基礎となった。貞観五年、康国が唐に帰順する意思を伝えてきた。唐の太宗は康国から派遣された使いの者にこう言ったという。

「前代の帝王たちは領土を拡張することに力を注ぎ、歴史上の大帝国の帝王としての名誉を求める者が大勢いた。しかし、それは帝王自身には何の利益ももたらしてくれなかった。反面民ばかりが戦争のために酷く苦しめられた。もし帝王に利益があったとしても民に害が及ぶものなら、私はそんな愚かなことはやるつもりはない」

呉兢が書いた『貞観政要』の話である。

愛は何から始まるのか。

「謙虚」である。へりくだることである。苦労しても威張らない。功績を挙げても自慢しない。人の後ろに立ち、慎ましくあることだ。愛は自己犠牲から始まるというではないか。謙遜と謙虚の最終段階は何であろうか。犠牲であろう。詩人のエリオット（T. S. Eliot）は「謙遜は美徳の中で最も得にくいものである。自らをよく評価しようとする欲求より耐えがたい感情はない」と言った。

謙虚とはどんな態度であろうか。

常に用心する態度である。

「君子道に迷うことを心配し見えないところでも警戒し察する。聞こえないところでも慎み畏れる」

謙虚とはまたいかなる態度であろうか。

恨まない態度である。

「上に天を恨まず、下に人を恨まない」

謙虚はまたいかなる態度なのか。

感謝の態度である。

「天命の御徳が大きいがその姿を見ようとしても見えず、声に接したくとも聞こえず、万物を等しく創られた」

『中庸』の言葉である。

これほどに用心深く、人の後ろに立ち、慎ましくなった時、謙虚と言える。

この時初めて他人を愛する心が湧いてくるのである。


「あなたがたの中で偉くなりたいと思う者は、仕える人となり、あなたがたの間でかしらになりたいと思う者は、しもべとならなければならない（マタイによる福音書二〇章

26―27)」

「何百もの峰や谷川が川や海にそそぐのは、川や海が常に低い所にいるからだ。人も高い所にいたければ彼らより低い所に位置し、人の先頭に立ちたければ常に彼らの後ろにいなさい」

治める者の位置について老子が言った言葉である。

イギリスの哲学者であり、数学者であるホワイトヘッド（A. N. Whitehead：一八六一―一九四七）はこう言った。

「謙虚な人間は栄華の絶頂期にいてもその品位と振る舞いが美しい。それは彼の謙遜と精神が霊魂と完璧な調和を成すからである」

貞観五年、唐太宗は臣下らに次のように言ったと『貞観精要』に書いてある。

「天下が治まってつかの間の平和が訪れた時が慎み戒めなければならない時である。もし軽率に慢心して横柄に振る舞えば必ずや滅亡の奈落に沈むであろう。

今の天下の安定は私一人に掛かっている。私は毎日毎日慎み戒めている。ある人は私が立派な君主であると褒めるが私は未だに私自身が偉いと思ったことはない」

他人の上に立つことは自分の下にいるすべての人に対して責任を負うことを意味する。そのためにはすべての人を天秤の片方に乗せておいて、自分はもう片方に乗り一人でその重さに耐えられなければならない。その位が高くなるにつれて重さも増していく。その重さに耐えられなくなった時、自分は弾き出されてしまい、倒れる天秤とともに他のみんなも転げ落ちてしまう。上位とは誰でも占有できる位置ではない。

図3は大小の指導者がどこまで自彊不息すべきかについて考えてみたものである。

高い位を占有している人、上へ上ろうとする人は地位にばかり欲を出すのではなく、上を仰いでその位がいかに恐れられる地位であるかについて悟らなければならない。そしてその位に見合うように常に畏れの心を持ち、自らを戒め修業に精進しなければならない。

Ⅰグループ（個人）とⅡグループ（公職者またはそれに相応する役員）が区別するべき公と私は、ふるまいに困難な点はさほどないように見えるかもしれない。しかし実際問題

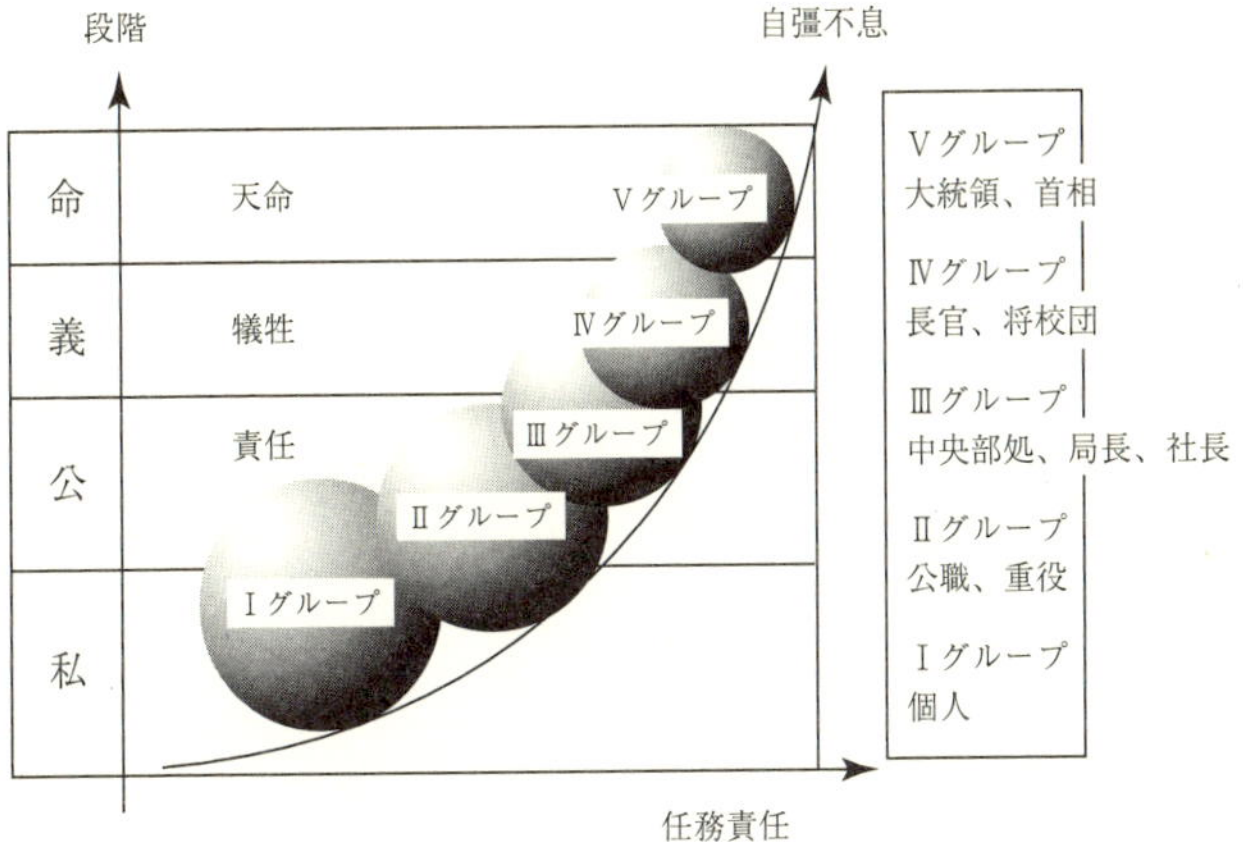

図　3

として〈公〉と〈私〉を厳格に分けて行動することは非常に難しい。〈知る〉ことと〈行う〉ことはそれだけで異なるものであり、現実的に〈私〉を捨てるのは決してたやすいことではないからである。

義の段階と命の段階に到れば明白な公私の区別さえ難しい領域である。ここではどのように行動すればよいのか。

正直にいって、筆者もそこまでは自信が持てない。筆者自身が公私の区分ができなくて迷うことがあるのだから、より高い境地を読者の方々に勧めるには少し無理があるかもしれない。

孔子は「君子は天下に対して必ずこうすべきだというものはなく、絶対にしてはならないというものもない。ただ道理にならって実行するのだ[18]」といった。

まことに驚くべき発言である。義に従うだけで、必ずする、あるいはしないということはない――誠に偉大な考えである。

なぜ孔子はこのように言ったのか。

世には、するかしないかではなく、道理にかなった名分または正当な責任が別にあることを言っているのではないだろうか。

『論語』にこんな話[19]がある。

葉公が孔子に話した。

「私どもの村に正直者の躬という男がいて、自分の父親が羊をごまかしたときに、息子はこれを告発しました」

孔子が言った。

「私どもの村の正直者はそれと違います。父は息子のために隠してやり、子は父のために隠します。正直さはそこにそなわるものです」

法律的に見れば、羊を盗んだ父は告発されて当然である。そうでなくてはならない。それにもかかわらず、孔子はその父を匿ってやるべきだと言った。なぜか。息子として従うべき道理が別にあると言っている。

法律を守ることは当然である。しかしもっと根本的な問題、たとえば人間の倫理に関する問題や宇宙の原理のような問題などは「必ずすべきこと」という水準を超越し得ることを言っているのではないだろうか。

警察は物を盗んだ泥棒を逮捕しなければならない。

先生は盗みを働いた学生に罰を与えるのではなく、訓戒するのが道理である。

同じ事柄に対して警察と先生が従うべき責任と役割がそれぞれ違うように、国民を治める「指導者」の道理と責任も違って当然だ。

考えてみれば、このようなことが本当に国民を愛する政治の要諦ではないだろうか。

これが中庸であり[20]、允執其中[21]ではないだろうか。

命の境地は筆者の領域を超えるので論ずるのは不安である。不立文字[22]と言うではないか。この領域は読者にまかせたい。

今ここにいる私は何者であろうか。

分かるはずもない。当然である。私が誰であるかを問うている本質、考えること、意識するということは私を存在させている本質、意識できるようにした根源であるからだ。私が意識すると言うがその考えの根源は、私ではないからである。私を存在させたのはエホバであり、愛であり、因縁であって、私ではないではないか。

目を閉じ心を静めて心臓の鼓動を感じて呼吸を整える。音楽が聞こえる。ビバルディーの「四季」である。美しい旋律が流れて耳を通じて意識の中へと伝わってくる。

ビバルディーが作曲はしたが、彼が「音」を作ったわけではない。宇宙空間に散らばって存在する多くの音の中から気に入ったものだけ集めて高低を表現したのであり、「空」の中の旋律がビバルディーとの因縁で「四季」になったのである。

もう一度呼吸を整えて心臓の鼓動に耳を傾ける。偉大な宇宙の中の小さな自分を意識する。鼓動する我が心臓と呼吸のためである。やがて呼吸と心臓さえ忘れるとそこに残るは何であろう。

十七世紀のイギリスの詩人であり、聖職者だったジョン・ダン（John Donne）は美しい詩を残した。

だれにも

一人で完全な島は作れない、
私たちは皆
大陸の破片であり大洋の一部である。

土塊が海に洗われていけば
ヨーロッパはその分小さくなり
砂浜が洗われてもそうなるのは
君あるいは君の友の領地が
縮まるゆえんなのに

誰かの屍も
失われた我が片割れであり
我は人類の中の一部であるから。
誰のために鐘は鳴るのか
彼のために人悲しむなかれ

鐘は君のために鳴るのだ。

心と体を尽くして宇宙へ没入すれば、小さな我は完全に消えてしまい呼吸と心臓の鼓動さえも大きな愛に包まれる。

そして何が残るのか。かの偉大な愛のみではないのか。その瞬間小さい我は大きな宇宙になる。

「天上天下唯我独尊」と言った釈迦の言葉もそんな意味ではないだろうか。

そして「だれかの死で私の一部が消えた」ことであり、鐘は皆のために鳴るということであろう。

そのことから釈迦は宇宙の本質を説破し、孔子は人間の道理を教え、イエスは分かりやすく「愛」を述べられた。

宇宙の理がそうであるからには、他人の上に立つ指導者は少なくとも「愛」が何かについて深く考え込まなければならない。

イエスがペテロを教会の礎石にした時に何と言ったのか。

「彼らが食事を済ませると、イエスはシモン・ペテロに言われた。『ヨハネの子シモンよ、あなたはこの人たちが愛する以上に、私を愛するか』。ペテロは言った、『主よ、そうです。私があなたを愛することは、あなたがご存じです』。イエスは彼に『私の子羊を養いなさい』と言われた。（ヨハネによる福音書　21：15―18）」

このようにイエスはこれと同じことを三度も聞いた。ペテロも同じ答えを三度繰り返して答えた。教会の礎石になることはただ事ではないからだ。それにもかかわらず、それほど大事な役割をペテロに任せた理由は彼の能力でもなければ、彼の信仰でもなかった。ただ一つ「愛」だった。

一九九六年八月十五日

(18)君子之於天下也、無適也、無莫也、義之与比（『論語』、里仁10）

(19)吾党之直者異於是。父為子隠、子為父隠。直在其中矣（『論語』、子路18）。後の学者の間で論争を起こした理分の問題である。理分とは理にかなう名分、正当な責任のことである。世の中のことは道理に従い責任を全うすることも大事だが、理分に従うのも大事であるということ。道理や責任に縛られていたら間違いを犯す恐れがあるからだ。警察が盗人を捕まえることは責任であるが、先生が学生を拘束するのは道理でもなければ責任でもない。親と子の問題も道理と責任の問題ではなく、理分の問題から接触すべきであると孔子は教えている。政治も根本的には義に従うが、その次元を理分にまで高めなければならないというのが著者の主張である。

(20)中庸は、過ぎず及ばずに常に変わらず公平で中正の道を言う。だが、徳は守れるようでも、それを徹底するのは聖人でも難しいと言う。孔子は「人皆曰、予知、択乎中庸而不能期月守也（『中庸』、7章）」と告白している。

(21)尭が舜に王位を譲る際に頼んだ言葉である。尭が言った。「ああ、なんじ舜よ。天のめぐるさだめはなんじが身にある。まことに中ほどを執れ。四海は苦しめり。天の恵みが永久に続かんことを。」舜もまたその言葉を帝位を譲る時に禹に告げた。（『論語』、尭曰1）。

(22)東洋では古今から言語や文字で考えや宇宙を説明するには限界があると信じていた。「文字では言葉の内容を全部表現できない、言葉ですべての意味を表現できない」（『周易』、辞伝）。この不立文字は仏教でいう悟りも言葉や文字ではなく以心伝心であることを意味する。

著者プロフィール

漢南 朴　正基（ハンナン パク チョンギ）

1935年、大邱に生まれる。
軍人として立身した後、企業の経営人に転身する。
企業を経営するかたわら、陸上競技発展のためにも献身する。
その後、自らの歩んできた道——軍人、企業の経営などの経験を生かし作家としても活躍中。
職業：韓国戦略問題研究所理事、国際陸上連盟（ＩＡＡＦ）執行理事、
大韓陸上競技連盟名誉会長、亜細亜陸上連盟終身名誉副会長、
元大企業経営者（韓国重工業社長、韓国電力社長を歴任）
著書：『幼い孫に贈る言葉』（日本において1996年に新評論社より出版）
その他、韓国において著書多数。

アジアのリーダーシップ

2003年6月15日　初版第1刷発行

著　者　漢南 朴　正基
発行者　瓜谷 綱延
発行所　株式会社文芸社
〒160-0022　東京都新宿区新宿1－10－1
電話　03-5369-3060（編集）
03-5369-2299（販売）
振替　00190-8-728265

印刷所　東洋経済印刷株式会社

ISBN4-8355-5734-4 C0095